기
싫다고

KB166895

거절하지 못하는 사람들도 '안 돼'라고 말하고 싶어 한다. 남들의 부탁과 요구에 떠밀려 내가 원하는 걸 뒤로 미루면서 자책과 후회를 반복하고 싶은 사람은 없다. 우리는 왜 이토록 거절에 어려움에 느끼는 것일까? 가뿐하게 '아니(NO)'라고 말하지 못하는 이유는 무엇일까?

저자는 그 이유로 자기 고유의 영역을 구분 짓는, 나와 너의 경계가 없기 때문이라고 말한다. 우리에게는 질문이 필요하다. '이것은 내가 원하는 것일까, 네가 원하는 것일까?' 진짜 중요한 것과 그렇지 않은 것을 구분하기 위해서, 또한 책임질 것과 흘려보낼 것이 무엇인지 알기 위해서, 그리고 조금씩 '더 나다운 것'

에 집중하기 위해서. 그러기 위해 우리가 먼저 배워야 하는 말은 '아니'이다. 아니라고 말할 수 있을 때, 저자가 말한 인생의 본질, 즉 '삶의 즐거움'에 더 가까워진다.

거절할 용기를 가로막는 생각들이 있다. 우리 내면에는 자신을 의심하고 비난하는 목소리가 쉴 새 없이 울린다. 저자는 내면의 목소리들과 충분한 거리를 두는 방법을 알려준다. 그리고 우리 내면에 존재하는 고요한 지혜와 만남으로써, 진정한 자아의 목소리를 들을 수 있도록 안내한다. '아니'라고 말함으로써 무엇에 진정으로 '그래, 좋아'라고 말하고 싶은지 깨닫게 돕는다. 저자가 이끄는 발견의 과정은 무척 예리하고 다정하다.

나는 우리가 '아니'라고 말하면서 나 자신으로 살도록 설계되어 있다고 믿는다. 동시에 우리는 '아니'라고 말하면서 기꺼이 누군가를 껴안고 돕고 사랑할 수 있다. 이 책은 당신이 '아니'라는 말을 결국 해내도록 도울 것이다.

— 김윤나, 『말 그릇』 저자, 말마음 연구소 소장

2장 – 생각의 지옥에서 빠져나오기

3장 - 지치지 않고 가뿐하게 아니라고 말하는 법

바쁘게 돌아가는 세상에서 우리 모두에게 절실하게 필요한 단어가 하나 있다. 바로 **아니**라는 말이다. '아니'라는 말은 단순한 거절 그 이상이다. 이를테면 경계선을 긋는/경계를 짓는 일이다. 경계선 긋기는 우리를 둘러싼 세상에서 늘 일어난다. 자신의 영역에 무엇을 들여보내고 무엇을 영역 밖에 둘지 우리는 매 순간 결정을 내린다.

아니라는 말로 우리는 자신의 몸과 마음을 해로운 것에서 보호한다. 아니라는 말로 우리는 주의력, 집중력, 시간과 에너지 같은 고유의 소중한 자원을 관리한다.

아니라고 말하기는 자기 결정권의 표현이다. 우리는 남의 뜻을 따르지 않아도, 다른 사람의 기대를 채우지 않아도 된다. 시류에 따를 필요도, 유행에 동참할 필요도, 모든 과대광고를 흡수할 필요도 없다. 아니라고 말함으로써 우리는 외부의 조종을 받는 꼭두각시가 아님을 스스로 분명히 하게 된다.

아니라는 말에는 이면이 있다. 우리가 무언가에 '아니'라고 말하면, 다른 것에 대해 '그래'라고 말하는 것이기도 하다. 아니라는 말은 우리가 원하는 것을 향해 나아가도록 문을 열어주기도 한다.

나는 '아니'와 '그래'가 적절히 혼합된 소통을 가장 좋아한다. 우리는 무언가를 거부하면서 동시에 다른 것을 수용할 수 있다. 예를 들어 누군가와 관계를 맺으면서, 상대방의 거슬리는 행동에 '싫다'고 말할 수 있다. 혹은 어떤 프로젝트나 여행 또는 파티에 '참여하겠다'고 말하면서, 동시에 '나는 여기까지만 참여하겠다'라는 개인적인 종료 지점을 명료하게 말할 수 있다.

이 책에서 나는 각자의 성격과 기질에 맞는 경계선 긋기에 대해 주로 이야기하려 한다. 이를 위해 각 장의 말미에 점검을 위한 질문과 함께, 내 영역을 확보하기 위한 경계선 긋기를 연습할 수 있는 표를 실었다. 책장을 넘기며 당신은 점점 더 많은 자기 결정권을 확보하고, 자신만의 거절의 말을 발견하고, 그것을 실행할 내면의 힘을 얻게 될 것이다.

'자기 결정권을 쥐고 아니라고 말하기'라는 목표에 어떻게 다다를 수 있을까? 먼저 책의 1장은 의식적으로 고유의 경계선을 긋는 방법에 대해 다룬다. 여기서는 오직 자신만이 결정을 내리는 '자기 고유의 영역'에 대해 이야기하려 한다. 이 장을 읽으면서 당신은 자신의 영역을 드러내는 뚜렷한 경계선이 타인의 지나친 요구를 얼마나 잘 막아주는지 경험하게 된다. 아울러 어떤 경우에 흥분하여 자동적으로 빠르게 '그래'라고 말하는지도 알게 될 것이다.

이 단계에서 작성하는 **'아니오/예 목록'**은 당신이 더 편안하고 안정된 하루하루를 보내는 데 도움이 될 것이다. 주변 사람들은 당신이 꺼내는 거절의 말을 전보다 더 중요하게 받아들일 것이다. 그리고 이 목록은 당신이 자신 있게 '그래'라고 말할 수 있게 돕는 새로운 아이디어를 제공할 것이다.

이어서 2장은 아니라고 말하는 데 가장 중요한, 우리의 몸과 마음 그리고 관계를 보호하는 '경계선 긋기'에 대해 이야기한다. 즉, 우리 내면의 비평가, 감독관, 걱정 생산자의 간계에 넘어가지 않고 거리를 두는 법을 다룬다. 적절히 경계선을 긋지 않으면 내면에 있는 이들 셋은 우리 자신에게 어마어마한 해를 입힌다. 외부에 있는 그 어떤 적이나 부정적인 힘도 이 '지옥의 삼인조'만큼 당신을 지속적으로 괴롭히며 고통에 빠트리지 못한다. 스트레스에서 벗어나 더 즐거운 하루하루를 보낼 수 있도록, 내면의 세 목소리의 음모와 계략을 의식적으로 알아내는 법, 그리고 이들로부터 거리를 두는 방법을 전하려 한다.

마지막 3장에서는 각자에게 어울리는 거절의 말을 발견하는 법을 이야기하려 한다. 여기서 당신은 스트레스 없이, 되도록 갈등과 다툼 없이 자신만의 경계선을 긋는 법을 알게 된다. 이에 더해 당신의 소통에 도움이 되는 여러 가지 대화 전략을 전할 것이다.

관계와 소통의 부담에서 벗어나려면 지혜가 필요하다. 우리 안에 있는 지혜는 나 자신이 어떤 사람인지 잘 알고 있다. 이 지혜의 도움을 받아 우리는 자신의 삶을 한층 가볍게 받아들이는 길을 찾을 수 있다. 책의 끄트머리에 가면 당신은 어느 때고 내면의 지혜의 도움을 받을 수 있다는 사실에 놀라게 될지 모른다.

1장

세상의 모든 사소한 것들과
거리 두는 법

살면서 이따금 완전히 지쳐버렸다거나 예민해진 느낌이 든다면 원인으로 짐작할 만한 것이 두 가지 있다. 첫 번째, 당신이 자신의 '영역'에 대해 아무런 경계선을 긋지 않았기 때문이다. 두 번째, 경계선을 긋기는 했으나 당신의 주변에서 이를 전혀 알아채지 못했기 때문이다. **당신이 그은 경계선이 너무 흐릿하다는 뜻**이다.

경계선이 없거나 흐릿할 때 벌어지는 일은 이뿐만이 아니다. 경계가 없다면 사람들은 우리에게 무언가를 계속 더 원한다. 우리는 날마다 우리를 향한 타인의 기대와 마주한다. 주변의 동료나 이웃은 자신의 문제와 요구 사항을 우리 앞에 내놓고 우리가 여기에 매달려주기를 기대한다. 이것을 분명하게 거절하지 않으면 우리는 이들의 짐을 끄는 당나귀가 되어 계속 이용당하게

17

된다.

확실하고 알아보기 쉬운 경계선이 없으면 다른 사람들이 당신 고유의 영역을 침범해 들

다른 사람의 문제를 당신이 해결할 필요는 없다. 당신에게 맞는 것, 좋은 것을 찾고 그것을 지키자.

어오는 피할 수 없는 일이 벌어진다. 사람들은 거기서 당신과 아무런 상관이 없는 짐을 풀어 놓는다. 이들은 당신이 문제를 해결해주기를 기대하며 당신을 둘러싼다. 그러면서 당신의 어깨에 그 자신의 소망과 관심사를 넘치도록 얹는다. 당신의 주의력과 집중력, 에너지와 시간, 가끔은 당신의 돈까지도 요구한다.

사람들은 (대개) 악의 없이 이런 일을 한다. 당신의 주변 사람들 가운데 매일 아침 커피를 마시며 당신을 어떻게 이용해먹을지 혹은 제멋대로 다룰지 음침한 계획을 짜는 사람은 아마 없을 것이다. 문제의 핵심은 아주 간단하다. 주변 사람들이 당신 고유의 영역을 크게 차지하는 이유는 '침입 금지' 표지판을 보지 못했기 때문이다. 당신에게는 분명한 경계선이 없다. 이를테면 "여기는 내가 결정해!"라고 알려주는 확실한 경계가 존재하지 않는 것이다.

분명한 경계선이 없으면 당신은 원치 않는 밀물을 맞게 된다. 너무 많은 의무, 너무나 많은 일정, 너무나도 많은 책임을 안고 만다. 그리고 또 한편으로 원치 않는 썰물을 겪게 된다. 스스로를 돌볼 시간, 당신의 배터리를 재충전할 시간이 부족해진다. 당

신이 정말 원하는 것을 얻는 데 필요한 에너지와 집중력은 극도로 적어진다. 그러면서 당신의 필요와 욕구도 점점 줄어든다.

'아니'라고 말하기가 어려운 사람들

오랫동안 상담과 강연을 하며 수많은 사람들을 만난 결과 알게 된 한 가지가 있다. (나를 포함한) 거의 모든 사람들이 살면서 언젠가는 '아니'라고 말하기 어려운 상황에 맞닥트린다는 것이다. 나 또한 새로운 프로젝트를 시작하거나 무언가를 새로 배울 때마다 경계선이 필요하다는 것을 경험한다. 다르게 표현하면 '좋다'고 말하며 새로운 것을 수용하기 위해서는 오래된 것을 지우는, 더 많은 '아니'라는 말이 필요하다. 예컨대 나는 새로운 것을 받아들이며 오래된 습관을 끝내고, 쓸모없는 물건을 내버리며, 기존의 활동 영역에 작별을 고하고, 가벼운 일탈이나 기분 전환 때문에 해 왔던 오락을 크게 줄인다. 그럴 때마다 나는 아니라는 말을 붙들고 내면에서 씨름을 벌인다. 이와 관련된 세미나를 열고 책을 내는 사람이지만, 굳어진 습관을 고치는 일은 나에게도 그리 쉽지 않다.

커뮤니케이션 전문가로 일하면서 나는 명확한 경계선을 긋고 거절의 뜻을 자신 있게 표하는 데 어려움을 느끼는 사람들을 다

수 만났다. 이런 이들에게는 과
거의 나쁜 경험이 영향을 끼쳤
을 수 있다. 말하자면 당시에 자
기 경계가 존중되지 않았던 경
우다. 어린 시절에 자신의 경계

생의 모든 단계에서 우리는 오래된 무언가에 선명하게 경계선을 긋는, '아니'라는 거절의 말이 필요하다. 그래야 새로운 것에 대해 확실하게 '그래'라고 말할 수 있다.

가 보호받거나 존중받지 못한 경험을 한 이들이 아니라고 말하기를 특히 어려워한다. 이런 이들의 상당수는 어렸을 때 가족에게 제대로 돌봄을 받지 못했거나, 무시와 홀대 속에서 자랐거나, 폭력이나 학대를 겪었다.

한편 일찍이 어린 시절에 부모(보호자)의 역할을 넘겨받은 이들 또한 경계선을 긋는 데 굉장한 어려움을 느낀다. 부모 중 하나가 정신적·신체적으로 취약해 아이들 스스로 보호자 역할을 해야 할 때 아이들은 자기 고유의 필요와 욕구를 뒤로 미룬다.

성인기의 경험도 영향을 끼친다. 다른 사람에게 이용당해 상처를 받은 경험이 있는 이들은 다시금 상처받지 않기 위해 주변에 벽을 쌓는다. 아니라고 말하는 대신 다른 사람의 접근을 완전히 막아버린다. 많은 이들이 하는 것처럼 평범하게 경계선을 긋고 차분하게 아니라고 말하는 것은 이들에게 매우 어려운 일이다.

만일 당신도 이와 같은 경험이 있다면, 내가 지난 세월 동안 일하며 얻은 지식을 당신에게 꼭 전하고 싶다. 장담하건대 당신은 자기 결정권을 쥐고 아니라고 말하는 법을 아주 빠르게 배울 수 있다. 왜냐하면 당신은 이를 이미 '어렸을 때' 익혔기 때문이다. 어렸을 때 당신이 했던 아니라는 말은 사람들에게 존중받지 못했거나 혹은 가족 내에서 벌어진 불행한 사건 속에서 잊혔을지 모른다. 하지만 이 책을 넘기면서 당신은 차차 아니라고 말하기를 한층 쉽게 만들어주는 수많은 전략을 발견하게 될 것이다.

이번 장의 마지막 부분에 나오는 '아니오/예 목록'은 당신의 입에서 나오는 '아니'라는 말을 스스로 의식하고, 말에 힘을 싣는 데 도움이 된다. 또한 목록을 통해 당신은 자신에게 무엇이 필요하고 유익한지 진지하게 살펴볼 수 있다. 이 점은 특히 중요하다. 왜냐하면 당신은 이 세상에 살면서 할 수 있는 모든 안녕과 행복을 누릴 자격이 있기 때문이다.

이어지는 2장은 당신이 지닌 부정적인 생각을 인식하는 데 집중한다. 이 단계를 거치면서 당신은 생각의 지옥에서 벗어나는 경험을 하게 될 것이다. 특히 '머릿속 소란에서 벗어나는 네 단계'라는 이름의 전략과 '부정적인 생각을 이로운 생각으로 바꾸는 세 단계 생각법'이라는 연습 노트를 추천한다.

어린 시절 당신은 어른들의 감정 폭발을 무방비로 맞닥트렸을지 모른다. 하지만 어른이 된 당신은 다른 사람이 더는 당신에게 정서적으로 무언가를 쏟아내지 못하도록, 여지를 주지 않을 수 있다. 마지막 3장에서 당신은 일상에서 사람들을 대할 때 도

움을 받을 수 있는 유용한 보호
전략들을 발견하게 될 것이다.
방패와 같은 이들 전략은 당신
이 타인과 시간을 보내거나, 상

아니라고 말하는 능력은 자기 가치감을 강화시킨다. 희미하게 그려진 경계선은 자기 가치감이 부족하다는 뜻이다.

의하거나 논쟁 또는 대화를 하는 동안 내적으로 적절한 거리를
유지하도록 도와준다.

만약 당신이 상대에 대한 존중을 잃지 않고 차분하게 경계선
을 긋는 일에 익숙하지 않은 사람이라면, 아니라고 말하기 위한
준비 과정이 특히 중요하다. 3장에 나오는 연습 노트는 이를 도
와줄 것이다. 연습할 때 중요한 것이 있다. 다른 누구도 아닌 당
신만의 속도를 따르고 나 자신을 절대 압박하지 않는 것이다.

✳ 전략: 확실하고도 효과적인 경계선을 긋는 세 단계 ✳

- 첫 번째 단계. **무엇 때문에 경계선을 그으려 하는지 확실히 하자.** 무슨 이유로 당신은 '아니'라고 말하고 싶은가?
- 두 번째 단계. **효율적인 의사소통**을 하자. 당신이 괜찮아하는 것과 그렇지 않은 것이 무엇인지 주변 사람들에게 명확히 알려주자. 당신이 무언가를 왜 원하는지, 당신이 생각하는 한계점이 어디인지도.
- 세 번째 단계. **고집스럽게 버티자.** 누군가는 당신의 경계를 좀먹거나 무너트리거나 혹은 무력화시키며 당신 고유의

영역 안으로 들어오려 시도할 것이다. 그래도 문제없다. 당신이 계속해서 끈질기게 경계를 지으면 된다. 필요할 때마다 언제든지 자주 경계를 짓자. 당신의 고집을 깨워 활발하게 작동시키자.

정말 확실하고 효과적인 경계는 당신이 숨을 수 있는 거대한 벽의 형태가 아니다. 정원의 울타리 같은 모습이어야 한다. 당신이 바깥을 잘 내다볼 수 있도록 중간 정도의 높이가 좋다. 당신을 향해 무엇이 다가오는지 알아볼 수 있어야 하며, 바깥 세계와 소통을 위해 열릴 수 있어야 한다. 그럼에도 당신의 경계는 타인이 당신 고유의 생활 영역을 제멋대로 침입하지 못하게 막을 수 있을 만큼 충분히 견고해야 한다.

　이 책을 읽다보면 당신은 아니라는 말이 자신에게 무척 중요하다는 걸 확실히 깨닫게 될 것이다. 물론 가끔 의심이 들 수도 있다. 경계라는 것을 정말 지어도 되는지, 아니라는 말을 해도 되는지 말이다. 그리고 어쩌면 스스로 물을지 모른다. '모든 것이 엉망이 되지 않으면서도 아니라는 말을 잘해내는 방법'이 과연 있을까 하고 말이다.

연결되어 있다는 것은 경계를 짓는다는 뜻이다

'경계를 짓는다', 혹은 '경계선을 긋는다'는 것은 무슨 뜻일까? 예를 들면 이렇다. 이 지구에 정착하여 살 때부터 우리는 경계를 지었다. 우리는 자연과 연결되어 있으면서 동시에 우리와 자연 사이에 경계를 두어 분리한다. 우리는 벽으로 둘러싸인, 그리고 지붕을 덮은 공간에 산다. 이러한 경계 짓기는 타인과 동물, 그리고 날씨의 영향에서 우리를 보호해준다. 또한 우리에게는 현관문이 있다. 현관은 늘 열려 있지는 않으며, 우리는 누구를 또는 무엇을 안으로 들일지 스스로 결정한다.

우리는 동물을 좋아하지만, 아이들이 학교나 유치원에서 데리고 들어오는 머릿니는 거부한다. 우리는 마트의 특별 할인 판매를 경계하고 입맛에 맞는 것을 직접 선택해 구매하려 한다. 경계 짓기와 '아니라고 말하기'는 들숨과 날숨처럼 삶에 녹아 있다.

이처럼 바깥에서 들이닥치는 요구에 아니라고 말함으로써 당신은 스스로를 보호하게 된다. 경계 짓기로 당신은 고유의 영역을 지키게 된다. 그곳은 당신이라는 '존재의 영역'으로, 다른 사람과는 아무 관련이 없는 당신만의 것이다. 거기서 당신은 스스로 책임을 지고 결정을 내린다. 바깥 세계에서 무슨 일이 벌어지든 상관없이, 당신은 고유의 영역을 언제나 마음대로 좌우할 수 있다.

나의 삶은 오롯이 나 자신의 것

당신 고유의 영역은 무엇으로 이루어져 있을까? 누구도 이 영역을 당신에게서 빼앗을 수 없고, 이에 대한 책임 또한 누구도 당신 대신 떠맡을 수 없다.

• 당신의 생각과 그 생각에서 파생되는 것은 모두 당신과 관련된 일이다. 예컨대 당신의 신념과 의견, 도덕관과 가치관, 목적과 의도 등이 이에 속한다. 생각을 어디로 펼쳐 갈지는 당신이 결정하며, 무엇을 고민할지 또한 당신 자신이 정한다. 당신은 당신의 생각에 책임이 있다.

• 당신의 감정은 당신 고유의 영역에 속한다. 당신이 무엇을 느끼는지, 그리고 무언가를 당신이 어떻게 느끼는지는 오롯이 당신의 일이다. 예를 들어 누군가를 떠나보낼 때 얼마나 오랫동안 애도할지는 그 누구와도 상관이 없다. 무엇을 즐겨 할지, 무엇에 열광적으로 빠질지 역시 온전히 당신의 일이다. 감정을 어떻게 느끼고 다룰지는 당신이 정한다. 경계의 바깥에 있는 그 누구도, 당신의 감정을 두고 이래라저래라 할 수 없다.

• 당신은 몸도 당연히 당신의 영역에 속한다. 예컨대 의료진은 당신의 동의를 얻어야만 당신의 몸을 다루고 치료할 수 있다. 신체 자세도 당신이 결정하고, 운동을 할지, 무엇을 섭취할지도 당

신이 정한다. 바로 당신이.

- **당신의 결정은 당신 고유의 영역에 속한다.** 당신이 무언가에 찬성하거나 반대하거나, 아니면 무언가를 결정하거나 결정하지 않거나, 또는 무언가에 스스로 동기 부여를 하거나 하지 않는 것에 대한 책임은 오직 당신이 진다. 다른 사람들이 해줄 수 있는 것은 충고나 조언뿐이다. 하지만 이를 따를지 여부는 당신이 정한다. 내가 이 책에서 전하는 조언도 다르지 않다.

- **당신이 당신 자신을 어떻게 대할지 결정하는 것 역시 당신 고유의 영역이다.** 당신이 자기 자신과 어떤 관계를 맺을지는 전부 당신의 책임이다. 자신과 어떤 식으로 대화를 할지, 머릿속으로 자신에게 무엇을 말할지는 당신이 결정한다. 습관과 루틴도 당신의 일이다. 어떤 습관을 들일지 혹은 어떤 습관을 버릴지는 당신이 정한다.

- **당신의 귀중한 자원, 즉 시간, 에너지, 주의력과 집중력은 당신에게 속한 것이다.** 그리고 당신은 이 자원들을 어디에 어떻게 쓸지 결정한다. 당신은 협약을 (이를테면 근로 계약을) 맺고 당신의 시간, 주의, 집중, 관심, 에너지의 일부를 특정 프로젝트나 업무 또는 문제에 쏟는다. 어떤 협약에 관여할지 그리고 어떤 것에 응하지 않을지 결정하는 사람은 당신이다. 또한 당신은 어떤 사람이, 어떤 매체가, 어떤 조직이 당신의 시간과 관심을 받을지도 정한다.

- 다른 사람들과 어떻게 소통할지 결정하는 것도 당신이다. 누구와 접촉을 하고 관계를 맺을지, 또한 말의 내용, 말투와 억양, 몸짓 언어에 책임을 지는 것은 당신이다. 당신에게 건네진 질문에 답을 할지 말지는 당신이 정한다. 특정 대화 주제에 응할지 아니면 주제를 바꿀지 여부는 당신이 결정한다. 잡담이나 토론 또는 언쟁에 참여할지 말지 결정하는 것도 당신의 몫이다.

여기 언급한 '고유의 영역'을 완전히 인식하고 있다면, 당신은 이미 경계선을 잘 긋고 있다. 동시에 당신은 다른 사람의 영역에 속하는 것, 그리하여 당신에게 권한이 없는 것이 무엇인지도 확실히 안다. 이처럼 잘 그어진 경계선은 당신의 일상을 훨씬 더 가볍게 만들고 긴장을 크게 줄여준다.

고유의 영역은 우리에게 두툼한 보호막을 선물한다
자기 영역이 확실해지면 당신은 차차 자기 가치에 닻을 내리고 견고히 정박하게 된다. 그러면서 당신은 더욱 침착해지고 차분해진다. 그리고 다른 사람들과의 관계에서 유용한, 마치 완충제와 같은 두툼한 보호막을 얻게 된다.

다른 사람의 불쾌감에는 전염성이 있다
확실한 경계선이 없으면 다른 사람의 기분이 당신에게 부담을 줄 수 있다. 주변 사람들의 산만함과 분주함은 전염된다. 이들의 투덜거림은 당신을 의기소침하게 만들기도 한다. 상대방이 화를 내면 당신 또한 분노를 느낄 위험이 있다. 그러나 당신은 다른 사람의 감정을 떠맡지 않아도 된다. 그리고 이에 맞서 싸울 필요도 없다. 당신을 둘러싼 이들이 소란스런 드라마를 펼치더라도 '저 감정은 저들의 것'이라는 구분 짓기가 확실하다면 당신은 평안을 유지할 수 있다. 주변 사람들이 감정을 마구 분출해도 그대로 내버려 두자. 다른 사람들이 생각하고 느끼고 말하고 행동하는 것은 모두 **그들의** 영역에 속한다. 이에 당신은 아무런 권한이 없다. 당신은 자신의 영역 안에 머물면 충분하다.

✳ 나의 조언 ✳

의식적인 결정을 통해 당신은 주변 사람들의 기분에서 자신을 분리할 수 있다. 상대방에게서 나온 감정을 가만히 느끼기만 해도 된다. 이에 대해 상대를 비난하지 말자. 내적으로 거리를 두며 (생각으로만) 자기 자신에게 다음과 같이 말하자. 이 기분은 내 것이 아니니 **그가 알아서 다루도록 놔두자.** 상대의 부정적인 감정 때문에 내가 계속 긴장하게 된다면 숨을 들이쉬고 내쉬어보자. 숨을 내쉬면서 긴장을 내보내자. 더 강력한 경계선 긋기가 필요하다면 3장의 '방패' 전략을 추천한다.

비판을 영역의 경계선 앞에 놓아두자

당신은 자신에 대한 비판이나 부정적인 피드백을 주체적으로 다룰 수 있다. 다른 사람의 말이 당신의 영역에 곧바로 다다르게 내버려 두어서는 안 된다.

비판이나 피드백을 침착하게 귀담아듣자. 그러면서 상대방의 말을 영역의 경계선 **앞에** 놓아두자. 이에 대해 생각을 밝히기 전에, 무엇이 당신에게 도움이 되며 유익하지 않은 것은 무엇인지 살펴보자. 도움이 되는 것과 유익한 것은 당신의 영역 안에 들이자. 더불어 당신에게 유익한 피드백을 받은 데 감사하자.

부적절하거나 공격적인 말은 경계선 앞에 내버려 두자. 당신은 선택할 자유가 있다. 자신이 느끼는 부담을 덜 수 있다. 부적절한 것을 붙들고 씨름할 필요가 없다. 무시해도 된다. 당신이 무엇에 몰두할지, 무엇에 관여할지, 어떤 입장을 선택할지는 당신이 정한다.

타인의 일에 끼어들지 말자

삶을 어떤 방향으로 이끌어 갈지는 당신이 정한다. 마찬가지로 당신은 주변 사람들이 내리는 결정에 아무런 책임도 권한도 없다. 당신과 긴밀하게 연결되어 있는 사람들 또한 자기 고유의 영역이 있다. 연인이나 배우자, 부모나 자녀 역시 자신의 삶을 어떻게 꾸리고 무엇으로 채울지 스스로 결정한다.

만약 당신이 주변 사람들의 일에 끼어든다면 당신에게 속하지 않은 영역을 관리하려 시도하는 것이다. 이는 머지않아 다툼으로 이어진다. 아니면 당신은 다소 기울어진 종속 관계에 얽히게 된다.

혹여 주변 사람들이 내리는 결정에 동의하지 않는다면 의견을 자유롭게 말하자. 당신은 이들에게 조언을 건넬 수 있고 다른 해결책을 제안할 수도 있다. 그러나 당신의 의견이나 조언은 언제나 다른 사람의 경계선 **앞에** 두어야 한다. 그러면서 당신은 상대방의 고유함과 그의 경계를 존중하게 된다.

타인이 당신의 일에 끼어들지 못하게 하자

영역 바깥에 있는 그 누구도 (이 책을 쓰고 있는 나 또한) 당신에게 무엇이 옳고 좋은지 알 수 없다. 당신은 본연의 일관성을 지닌다. 이는 당신에게 무엇이 어울리는지, 알맞은지를 아는 고유의 직감이다. 당신에게 필요한 것이 무엇인지 말해줄 수 있는 유일한 사람은 바로 당신 자신이다.

다른 사람들이 당신에게 말하는 것은 그들의 생각, 의견, 신념이다. 이는 다른 사람들이 옳고 좋다고 여기는 것이다. 설령 주변 사람들이 당신에게 가장 좋은 것만을 주고 싶어 하더라도, 당신은 자기 영역의 결정권자로 자리를 지켜야 한다.

비교적 쉽게 알아차릴 수 있는 전형적인 '참견의 레토릭'이 있다. 상대방이 당신에게 이런 식으로 말한다면 주의하자.

> "너의 문제가 뭔지 알아? 너는 너무 감정적이라는/마음이 약하다
> 는/이기적이라는 거야."
> "내가 이 말은 꼭 해주고 싶은데, 너한테 어울리지 않는 게 무엇인
> 지 알았으면 좋겠어."
> "너는 내 말을 잘 들어야 해. 너에게 무엇이 옳고/좋고/맞는지 나
> 는 알고 있으니까."

이런 진부한 말로 타인들의 '경계 넘기'가 시작된다. 당신은 경
계를 넘으려는 시도를 알아차리고 물러나지 말아야 한다. 타인
의 참견을 막기 위해 급격히 차가워지거나 화를 낼 필요는 없다.
얼마든지 침착하게 (심지어 상대를 충분히 이해하면서) 반응할 수
있다. 가슴에 손을 얹고 한번 생각해보자. 지금까지 우리는 얼마
나 자주 다른 사람의 일에 참견하려 했던가? 물론 좋은 의도로
그랬지만 말이다.

　주변에 있는 모든 사람들이 당신에게 전하고 싶은 것을 자유
로이 말하도록 허락하자. 조용히 이에 귀를 기울이자. 하지만 나
자신을 위해 무엇을 수용할지, 내 영역에 무엇을 들일지는 스스
로 결정해야 한다.

'당신이 필요하다'는 말에 유혹당하는 사람들

각자의 분야에서 능력 있는 사람들 중에도 아니라는 말을 못 하는 이들이 많다. 나도 예외는 아니다. 의뢰인이 나에게 추가 업무를 처리해 달라고 부탁하면, 나는 속으로 거부감을 느낀다. 부탁을 하는 사람은 보통 이렇게 조심스럽게 묻는다. "선생님에게는 별로 어려운 일이 아니잖아요?" 그러면 나의 인격에서 능력과 관련된 부분이 즉시 튀어나온다. 그는 소매를 걷어 올리며 크게 말한다. "그럼요, 문제없어요. 제가 해드릴게요." 나의 내면에 있던 아니라는 말은 목소리도 내지 못한 채 무시되고 만다.

내면에서 무시된 거절의 말은 실제론 사라지지 않았다. 대신 마음의 밑바닥으로 미끄러져 들어가, 그곳에서 들끓으며 혼자 웅얼거린다. 그러면 나는 자기 자신에게 화가 난다. 도대체 왜 그리 빠르게 '그래'라고 말한 걸까?

아마 당신도 잘 알 것이다. 남의 부탁이나 요청, 맞춰야 하는 일정이나 업무와 맞닥뜨리면 마음속에 곧바로 거절, 거부의 말이 떠오른다. 그러나 다음으로 일련의 생각이 잇따르며 내면의 아니라는 말을 없애기 시작한다.

> "아, 난 너무 바보 같아! 하지만 이미 하겠다고 해버렸으니 어쩔 수 없지."

"그냥 한 번 일어난 일이야. 받아들인다고 내가 죽는 건 아니잖아."

"화를 키우지는 말자. 쓴 약이라 생각하고 삼키자."

"다른 방법이 없어. 그냥 하는 수밖에."

"시끄러워지기 전에 차라리 빨리 처리해버리자."

"이 악물고 참자. 눈 꼭 감고 그냥 하자."

이 말들은 내면의 아니라는 말을 억누르거나 지울 때 전형적으로 떠오르는 생각이다. 당신에게도 익숙할지 모르겠다. 아니라는 말을 밀어내기 위해 당신은 자신에게 무슨 말을 주로 하는가?

● 내면의 아니라는 말을 스스로 지워버리거나 억누르고 있다면, 자신이 무엇을 두려워하는지 확실하게 파악하자.

아니라고 말하지 못하는 네 가지 유형의 능력자들

오랫동안 관찰한 끝에, 나는 내면의 거절하는 말을 자주 삼키곤 하는 유능한 사람들의 네 가지 유형을 발견했다. 이들 네 유형은 다른 사람이 누르면 작동을 하는 버튼이 있는 것처럼 보인다. 버튼이 눌리면 이들은 경계선을 긋는 능력을 잃어버린다. 이들은 아니라는 말을 잊고 자동으로 '그래'라고 말한다.

이들은 자신이 무엇을 해야 하는지 알고, 해낼 수 있다는 것도 안다. 그리고 빠르게 일을 파악하며 작업에 들어간다. 주변 사람들은 문제를 피할 수 있다는 사실에 안도하며 이들의 헌신을 크게 반긴다. 사람들은 늘 이 유형에 기댄다. 주어진 일을 즉시 처리하는 사람이니까. 오래 망설이는 사람이 아니니까. 주변 모두가 기댈 수 있는 사람이니까.

어떤가? 다음을 살펴보며 당신도 이 유형에 해당하는지 점검해보자.

위기 속 구원자

이 유형은 극적인 사건이나 문제 상황을 맞닥뜨렸을 때, 속에 품은 거절의 말과 멀어진다. 이런 사람들은 특히 다음과 같은 말에 적극적으로 반응한다. "알잖아. 나 정말 힘들어. 나 지금 완전히 지쳤어. 내가 너 없이도 이걸 계속 할 수 있을까? 신경이 너무 예민해져서 쓰러지기 직전이야." 이런 식의 표현은 위기 속 구원자 유형에게 '작동' 버튼이다. 버튼이 눌리면 이들은 상대를 돕기 위해 단박에 자리를 박차고 일어난다. 다수의 구원자 유형이 어려움을 호소하는 사람들에 늘 둘러싸여 있는 것은 그리 놀랍지 않다.

실수의 조정자

이 유형은 일이 어떻게 돌아가는지 잘 아는 능력을 보유한 사람들이다. 안타깝게도 이들 주변에는 아무것도 모르는 사람들이

나 아무것도 모르는 듯이 행동하는 사람들이 진을 치고 있다. 다른 사람들이 실수를 하거나 잘못 처리한 업무가 눈에 들어오면 실수의 조정자는 타인을 대신하여 일에 뛰어드는 위험을 무릅쓴다. 다른 사람이 일을 엉터리로 하는 게 눈에 보이면 그는 빠르게 경계를 잃어버린다. "이게 왜 연결이 안 되지? 두드려도 안 되네. 끼우고 나서 누르라고 하던데, 이게 아닌가? 어떻게 해야 하는지 도저히 모르겠어. 다른 방법이 없나?" 이런 말에 반응한다. 타인의 잘못이나 실수를 자기 손으로 되돌려야 직성이 풀리는 조정자 유형은 엉망이 된 일이 앞에 놓이면 대체로 처음부터, 자기 혼자서 문제를 다 해결하려 한다.

약자의 조력자

이 유형은 약자에게 너그럽다. 위기에 처한 사람들이 눈에 들어오면 이들의 내면에 다음과 같은 소리가 들린다. "나는 상대적으로 상황이 좋으니까, 사람들을 도와야 해." 그리고 이들은 약자를 돕기 위해 부지런히 움직인다. 이런 사람들은 보통 인정과 칭찬으로 보상을 받는다. 세상 모두가 그게 옳은 일이라고 말한다. 인정과 칭찬은 이들을 다시금 자극한다.

하지만 명확한 경계가 없으면, 아니라고 말하지 않으면, 조력자 유형은 스스로 과도한 부담을 지게 된다. 타인에게 주고 또 주는 동안 자기 자신은 시야에서 이내 사라지고, 그러면서 자기 자신에게 필요한 것을 더는 알아차리지 못한다. 이들은 타인에게 계속해서 내어준다. 자신의 에너지 저장고가 이미 텅 비었는데도 말이다. 에너지 넘쳤던 조력자들은 마지막에는 공격적이고 날카로운 사람이 되곤 한다. 이들의 내면은 이미 오래전부터 아니라는 말을 외쳤다. 그러나 바깥의 위기가 자기 내면의 위기보다 더 중요해 보이는 까닭에, 이들은 내면에서 울리는 소리를 잘 듣지 않는다.

150퍼센트 퍼주는 사람

이 유형은 대부분 여성이다. 이들은 모든 것을 두루 갖추려고 끊임없이 애를 쓴다. 아이들에게는 좋은 엄마이자 일터에서는 성과가 뛰어난 직원이며, 부부 사이에서는 다정하고 세심한 배우자이자 친구와 가족을 잘 챙기고 집안 살림을 완벽하게 해내면서 자기 건강도 지키는 사람이 되려 한다. 이들은 일상의 모든 과제에 쪽지를 붙이는데, 거기에는 이런 문구가 적혀 있다. "언제나 최선을 다하자!"

적당히 하면 안 되는 걸까? 그럴 수는 없다. 이들은 아주 잘해내길 원한다. 그러면서 모든 기대를 충족시키려 한다. 나무랄 데 없이 완벽하게. 이들은 100퍼센트 이상을 준다. 150퍼센트를 퍼주는 사람들은 안타깝게도 자신의 고성능 시스템이 붕괴되고 나서야 비로소 눈을 뜬다. 마치 무제한으로 하중을 견딜 수 있는 사람처럼 일하며, 이들은 시스템이 무너질 때까지 자신을 계속 밀어붙인다.

이들 유형 가운데 당신에게 익숙한 것이 있는가? 만약 그렇다면 아주 중요한 걸음을 내디딘 것이다. 당신이 문제를 알아차렸다는 뜻이기 때문이다.

당신을 작동시키는 '버튼'을 파악하기

만약 당신이 위의 네 가지 중 하나에 해당된다면 그 유형이 행동하는 일상 속 메커니즘을 파악하는 것이 중요하다. 왜냐하면 당신의 주변 사람들은 원하는 것을 얻으려면 당신을 어떻게 '낚아야' 하는지 이미 잘 알고 있기 때문이다. 당신 바깥의 세계는 당신을 작동시키는 '버튼'이 무엇인지 안다. 당신도 자신의 버튼을 알고 있는가? 여기, 버튼을 발견하는 데 도움이 되는 질문들이 있다.

• 어떤 상황에서 당신은 과도한 부담을 알아서 떠안는가?
• 당신이 경계를 잃어버리며 '그래'라고 답하게 만드는 말은 무엇인가?
• 상대가 어떤 말을 하거나 행동을 할 때 당신은 그의 걸림돌을 치워주려 하는가?

• 상대가 (심리적으로 또는 신체적으로) 어떤 상태일 때 책임감을 느끼며 그의 잘못이나 실수를 수습하려 드는가?

• 누군가 손이 서툴러 당신의 눈앞에서 실수를 할 때 그 짐을 떠맡으려 하는가? 예컨대 그가 자기 업무를 엉터리로 해서 프로젝트를 망치고 있을 때 문제를 해결하겠다고 자리에서 곧바로 일어나는가?

• 아니면 상대가 괴로워할 때 당장 몸을 움직이는가? 그가 요즘 너무 힘들다고 호소하거나 눈물을 흘릴 때 당신은 어떠한가?

• 재난과 같은 상황에 곧장 반응하는가? 누군가가 '당신이 손쓰지 않으면 모두 물거품이 될 것'이라고 말할 때 당신은 곧바로 반응을 보이는 편인가?

당신을 움직이게 하는 버튼이 무엇인지 확실히 파악하고 나면 이제 당신은 변화할 수 있다. 오래된 틀을 깨고 나올 수 있다. 덧붙이자면 당신을 자극하는 '버튼'과 당신이 행동해 온 패턴 모두 당신의 책임이 아니다. 자책하지 말자. 이들은 그저 과거에 일말의 의미를 지녔던 습관에 불과하다. 시간이 흐르면서 그로부터 하나의 자동적인 반응이 생겨난 것이다.

당신의 거절에 타인이 반발할 때

오래된 패턴에서 발을 빼며 경계를 명확히 세우는 순간, 지금까지 당신에게 익숙했던 무언가가 달라진다. 당신에게 그리고 당신의 주변 사람들에게 이는 완전히 새로운 변화다. 당신이 새

당신이 '아니'라는 말을 할 때 반발하는 사람들, 그리고 당신이 '그래'라고 말할 때 이익을 얻는 사람들은 누구인가?

로 그은 경계선을 모두가 반기지는 않을 것이다. 주변 사람들은 이제 당신에게 불편한 감정을 느끼게 된다. 이 감정은 당신이 지금껏 멀리했던 것이다. 사람들은 불만이나 실망 또는 반발심을 느낄 수도 있다. 그중 몇몇은 익숙한 버튼을 다시 누르려고 시도할지 모른다. 어쩌면 전보다 더 격렬하게 반복적으로 누르며, 당신이 다시 오래된 습관으로 돌아오게 만들 수도 있다.

이는 지극히 인간적인 반응이다. 당신은 이런 반응을 차분히 다룰 수 있다. 다시 말해 타인의 반발과 거부를 편하게 바라보는 것이다. 그러나 그들의 반응과는 상관없이 당신은 본래 계획한 바를 고집스럽게 밀고 나가면 된다. ('고집'과 관련된 주제는 3장에서 다룰 예정이다.)

아니라고 말하기 위해 당신이 감당해야 할 위험이 있는가

다른 이들에게 아니라고 말할 때 불편을 느끼는가? 아니라고 말하며 다른 이들에게 더욱 뚜렷하게 경계를 지을 때 당신이 감수해야 하는 위험이 있는가? 의뢰인과 코칭 수업을 진행할 때, 나는 그가 해당 위험을 스스로 깨닫도록 몇 가지 질문을 건넨다.

당신도 그 질문들에 답을 해보자. 그중에 당신이 크게 반응하는 질문이 무엇인지 골라보자. 그 질문과 함께 다음 단계로 넘어가면 된다.

- 미흡하게 경계를 지은 탓에, 또는 자주 "그래, 내가 할게!"라고 말하는 습관 때문에 당신이 경험한 구체적인 불이익이나 문제는 무엇인가?
- 당신은 그런 불이익과 문제로부터 벗어나고 싶은가?
- 아니라고 말하기 시작하면 당신이 개인적으로 감당해야 하는 위험이 있는가? 그렇다면 그것은 무엇인가?
- 아니라고 말해서 실질적인 불이익을 당할 가능성은 얼마나 높은가?
- 이렇게 실제로 일어날 수 있는 위험과 불이익을 줄이거나 없애기 위해 당신은 무엇을 할 수 있는가?
- 당신이 지금보다 더 명확하게 경계선을 긋거나 더 자주 아니라고 말할 때 당신에게 돌아올 이익은 무엇인가?

내가 그들의 요구에 선을 그어도 사람들이 여전히 나를 좋아할까? 당신은 어쩌면 이런 걱정을 할지 모른다. 그러나 관점과 태도를 조금만 바꾸면 더 대담해질 수 있다. 여기, 아니라고 말할 수 있도록 용기를 북돋아주는 전략을 소개하려 한다.

✳ 전략: 아니라고 말할 용기를 이끌어내는 생각들 ✳

• **당신의 불안이 머릿속에서 만들어진 환상임을 깨닫자.**

당신의 거절을 다른 사람들이 거부하거나 비난할 거라는 생각이 드는가? 정신 차리자. 그건 당신의 상상일 뿐이다. 두려움을 곱씹을 필요는 없다. 당신은 불안이나 두려움 대신 무언가 더 나은 것을 생각해낼 수 있다.

모든 것이 순조롭게 진행될 거라고 상상해보자. 주변 사람들이 당신의 거절을 쉽게 받아들이는 모습을 머릿속에 그려보자. 그리고 당신이 아니라고 말하더라도, 사람들이 계속해서 당신을 좋아할 거라고 생각해보자.

• **당신의 기대는 좋은 일을 불러오는 초대장이다. 최고의 상황만 기대하자.**

당신이 상상하는 것은 곧 당신이 기대하는 것이다. 상대방이 당신의 거절을 받아들이지 않을 거라 생각하면 그 생각은 점차 퍼져 나가 주변에 영향을 끼친다. 부정적인 기대는 당신이 선택하는 단어, 당신의 목소리, 자세와 태도에 반영된다. 부정적인 기대는 마치 단추가 떨어지듯 순식간에 튀어 나간다. 그리고 이는 주변 사람들에게 일종의 '초대장'처럼 보이게 된다. 그들은 당신의 거절을 거부하며 당신에게 도움을 구할 것이다.

부정적인 기대를 긍정적인 것으로 바꾸어보자. 거절이 당연히 받아들여질 것이라고 생각하자. 이런 마음을 당당하게 드러내자. "내가 거절해도 분명 이해해줄 거야."

• 다른 사람들에게 굽히지 말자.

사랑받기 위해 늘 모든 이들의 마음에 들려고 애쓸 필요는 없다. 자신에게 어울리는, 그리고 자기 내면의 생각과 일치하는 말과 행동을 하면서 자기 자신에게 충실하기만 하면 된다. 주변 사람들은 당신에 대해 저마다의 생각을 품고 있다. 당신이 무얼 하든 관계없이 이들은 자기 마음대로 생각한다. 중요한 것은 당신이 자기 자신을 어떻게 바라보는가이다. 당신은 언제나 가치 있는 사람이며 나무랄 데 하나 없이 잘하고 있다. 당신이 타인의 요구에 아니라고 말하든 그러자고 말하든 상관없이.

아니라고 말하기는 때로 '담력 시험'이 되기도 한다. 큰 용기를 내야 하는, 쉽지 않은 일이다. 당신이 대담하게 거절의 말을 할 수 있도록 용기를 북돋는 아주 중요한 두 가지 촉진제가 있다. 첫 번째는 당신 내면의 고유한 요구를 무탈히 잘 다루는 것이다. 신체적으로 강해지고 싶으면 몸의 근육을 키워야 한다. 정신적으로 강해지고 싶으면 자신의 요구를 **없애야** 한다. 제대로 읽은

것이 맞다. 키우는 것이 아니라 제거해야 한다. 자기 자신에게
덜 요구하고 덜 압박할수록 당신은 더욱 강해진다.

✳ 전략: 당신을 강하게 만드는 세 단계 ✳

• 자신을 압박하지 말자. 의무를 내려놓자.

당신이 '반드시' 해야만 하는 일은 없다. 거절도 마찬가지
다. 외부의 요구에 반응할 때 당신은 긴 시간을 들여도 된
다. 지금 당장 '반응해야/답해야 한다'고 자신을 압박하지
말자. 당신은 아니라는 말을 해도 되지만, 또 이를 반드시
할 필요는 없다. 다시 한 번 말하지만 당신이 세상에 꼭 해
야만 하는 일은 없다.

긴장을 풀고 여유를 가지자. 자기 자신을 다정하게 대하
자. 무언가를 바꾸고 싶다면 자기만의 속도가 필요하다.
말하자면 당신에게 어울리는 방식으로, 당신의 내면과 어
긋나지 않는 시점에 변화를 시도하는 것이다. 물론 이것
역시 강요도 아니며 의무도 아니다.

• 자신에게 실험을 허락하자.

모든 것을 한 번에 제대로 해내려고 애쓰지 말자. 우선 처
음에는 무언가 새로운 것을 시험 삼아 한두 차례 해보자.
즉, 시행착오를 겪어보는 것이다. 이 새로운 시도가 부담

이 된다면 계획을 변경하거나 취소해도 된다고 나 자신에게 여유를 주자.

아마 당신이 새로 그은 경계선은 모두에게 곧바로 인정되지도, 당신에게 완벽히 편안하지도 않을 것이다. 당분간 모든 일은 산만한 공사 현장처럼 느껴질 것이다. 당신은 이것저것 경험하면서, 말을 하고 글을 쓸 때마다 거절하고 경계를 짓는 새로운 표현을 시도하게 된다. 이때 다른 사람에게 가급적 천천히 반응하도록 하자. 나만의 휴식 시간을 자주, 충분히 즐기자. 그러면서 가끔은 생각을 바꾸어, 갈피를 잡지 못하고 우왕좌왕하는 자신을 너그러이 이해해주자. 자기 결정권이 있는 사람은 이렇게 한다.

• 작은 것부터 시작하자.

혁명 같은 어마어마한 일을 하는 거라고 생각하지 말자. (거절하는 것이 당신에겐 일종의 혁명이라 하더라도 말이다.) 당신의 오래된 패턴과 당신을 즉각 행동하게 만드는 버튼은 하루아침에 갑자기 생겨난 것이 아니다.

패턴은 말 그대로 오랜 세월에 걸쳐, 그것도 아주 어렸을 때 만들어진 것일 수 있다. 이런 오랜 패턴은 손가락을 한 번 튕겨서, 단 한 번의 대화로 없앨 수 있는 것이 아니며 그래서도 안 된다.

오늘 당장 시작할 수 있는 작디작은 무언가에서부터 변화를 시도해보자. 그리고 내일도. 그런 다음 그 변화가 당신에게 어떤 영향을 끼치는지 주의 깊게 살펴보자. 이어서 또 다른 작은 변화를 시도하는 것이다. 이런 식으로 계속 이어 가자. 당신이 원하는 속도로, 빠르게 혹은 느리게.

두 번째는 내면의 속도를 늦추는 것이다. 타인의 질문, 요청, 부탁 등등에 자동적으로 반응하기 전에 내가 뭘 원하는지 먼저 충분히 고민할 시간을 가질 필요가 있다.

＊ 전략: 반응을 멈추고 나의 마음 먼저 생각하기 ＊

• 당신의 권한을 보여주자.

아니라고 말하는 것은 상대에 대한 반항이나 거역이나 공연한 어깃장이 아니다. 당신이 하는 거절의 말은 당신에게 권한이 있음을 드러내는 신호이다. 타인의 요구에 끌려가지 말자. 타인이 당신을 소모하거나 이용하지 못하게 하자. 당신이 결정을 내리든 말든, 어떤 결정을 내리든 이는 남이 끼어들 수 없는 당신의 일이다.

• 자기 자신의 반응에 주의를 기울이자.

당신을 향한 다른 사람들의 기대나 그들이 겪는 위기, 또는 처한 상황에 대한 극적인 묘사를 마주할 때 당신의 내면에서 무슨 일이 일어나는지 주의 깊게 들여다보자. 어떤 느낌이 들고, 어떤 생각이 떠오르는지 관찰하자. 그들을 도와야겠다는 생각이 드는가? 아니면 그런 생각이 들면서도 마음 한구석에 부담이 드는가? 내면에 어떤 생각과 감정이 떠올랐든 잘못된 것은 하나도 없다. 그저 그 감정과 생각에 따라 어떤 행동을 할지 선택할 뿐이다.

• 요구에 반응하기 전에 혼자 깊이 생각할 시간을 내자.

타인의 요구에 곧바로 답하기 전에 잠시 한 걸음 물러서자. 이메일에 즉각 답하지 말자. 수화기 너머에 있는 사람에게 조금 이따 다시 전화를 하겠다고 말하자. 지금 대화하는 주제에 대해 무언가 말하기 전에 당신이 잠시나마 깊이 생각한다는 것을 상대방이 알게 하자.

이와 같은 **지연**을 통해 당신은 자신이 하는 거부의 말과 수용의 말을 의식적으로 지켜볼 기회를 얻게 된다. 그러면서 당신은 어떤 과업이 당신 앞에 놓여 있는지 또는 상대방이 무엇을 원하는지 확실히 파악하게 된다. 다음의 질문을 살펴보며 직접 답을 해보자.

- 당신은 이 모든 것을 직접 처리하길 원하는가?
- 정말 당신이 나설 때인가?

- 상대를 도와주고 싶은가?

- 도와주고 싶다면 당신의 경계는 어디까지인가?

- 당신의 책임은 어디까지인가?

- 이 사안을 거절하고 싶다면 그 이유는 무엇인가?

• 자신의 경계를 자신 있게 주장하자.

'아니라고 말해도 된다'고 자신에게 여유를 주자. 이는 당신에게 필요한 유일한 의무이다. 어디까지 경계선을 그을지도 당신이 정한다. 당신이 무엇을 원하는지 혹은 원하지 않는지 분명하고 확실하게 말하자. 그러면서 당신이 거절하는 말에 주변 사람들이 어떻게 반응하는지 호기심을 품고 지켜보자. 그들의 반응을 허락하면서 당신은 경계선 안에서 자기 고유의 영역에 머무르면 된다. (거절 전략과 조언은 3장에서 더 자세히 살펴보자.)

거절할 때 죄책감을 느낀다면

거절 코칭을 하다보면 아니라고 말하고 싶으면서도 마음을 제대로 표현하지 못하는 사람들과 종종 만난다. 이들은 죄책감에 가로막힌다. 이들은 내면에서 피어나는 양심의 가책을 느낀다.

왜냐하면 이들은 깊이 재고하지 않은, 다시 말해 제대로 성찰하지 않은 몇몇 '신념'을 믿기 때문이다. 다음과 같은 것들이다.

> "나는 다른 사람들이 무사히 잘 지내는 데 책임이 있어. 내 거절 때문에 다른 사람들이 불편해지거나 기분이 나빠진다면 그건 내 책임이야."
>
> "나는 프로젝트의 책임자야. 성과가 안 나온다면 그건 내 책임이야."

죄책감에 시달리는 상당수의 사람들은 '좋은 사람'에 대한 이상을 마음속에 품고 있다. 이들은 (대부분 무의식적으로) 다른 이들의 요구나 어려움을 해결하겠다고 기꺼이 나서야 좋은 사람이 될 거라 생각한다. 좋은 사람이란 모든 것에 열려 있어야 하며 언제나 적극적으로 도와주려는 태도로 반응해야 한다고 믿기 때문이다.

좋은 사람이라는 이상은 다른 버전도 있다. 즉, '유능하고 활기찬 사람'을 좋은 사람이라고 여기는 것이다. 이 같은 이상은 항상 열심히 노력하고, 모든 것을 완벽하게 해내는 사람을 모델로 삼는다. '다정한 사람'을 이상으로 여기는 경우, 다른 사람들의 필요를 채워주기 위해 늘 그 자리에 있으면서 자신의 바람은 뒤로 미루어야 이 이상에 부합한다.

만일 당신이 이런 신념 중 하나를 믿는다면 당신의 입에서 아니라는 말이 나갈 때 무언가 잘못되었다는 느낌을 받을 것이

다. 경계선을 긋거나 거절을 하면 불편하거나 거슬리거나 자신이 부도덕하다거나 게으르다고 느낄지 모른다.

하지만 이는 착각이다. 아니라고 말하기 **때문에** 당신은 좋은 사람이다. '아니'라는 말을 통해서만 당신의 '그래'라는 말도 가치를 지니기 때문이다.

자신이 지닌 좋은 사람에 대한 이상을 깊이 성찰할 때 비로소 당신은 죄책감에서 벗어날 수 있다. 경계선을 그으면서도 맡은 역할을 잘해낼 수 있다. 자녀들의 소망을 모두 충족시키지 않더라도 앞으로도 계속 아이들에게 좋은 어머니, 좋은 아버지가 될 수 있다. 그것은 할 수 없다, 어렵다고 말하며 요구를 거절하면서도 계속해서 좋은 동료가 될 수 있다. 부모에게 '그건 틀렸다'고 말하면서도 여전히 좋은 딸, 좋은 아들로 남을 수 있다. 아니라는 말을 해도 당신은 좋은 연인, 더 나아가 최고의 연인이 될 수 있다. 절친한 친구 사이에서도 마찬가지다.

당신에게는 경계가 있다. 이 경계를 명확하게 보여주는 것은 나쁜 일도 잘못된 일도 아니다. 오히려 이는 **호의적인** 행위이다. 당신이 수용할 수 없는 경계선을 내보이면 상대방은 당신에게

무엇을 얻을 수 있고 또 얻을 수 없는지 분명히 알게 된다. 다른 사람을 위해 당신이 무엇을 부담할 수 있는지, 어디까지 함께할 수 있는지를 보여주는 것이다. 주변 사람들은 이 경계선에 맞춰 당신과의 소통을 준비할 수 있다. 이 같은 명료함은 당신이 사람들과 좋은 관계를 유지하게 돕는다.

또한 당신은 자신이 무슨 이유로 아니라고, 또는 그러자고 말하는지 분명히 함으로써 주변에 하나의 본보기가 된다. 당신은 주변 사람들도 당신처럼 분명하게 의사를 표시하도록 자극하고 용기를 북돋게 된다. 주변의 모든 사람들이 각자의 경계를 가지도록 허용하게 된다.

아니라고 말할 때, 그리고 경계선을 그을 때 혹여 죄를 짓는 느낌이 든다면 다음 질문들을 곱씹어보자. 당신의 죄책감을 의식적으로 알아보는 데 도움이 될 것이다. 무언가를 바꾸는 첫걸음에는 언제나 **의식**이 있다.

• 당신은 죄책감에서 벗어나고 싶은가?

양심의 가책에서 벗어나고 싶은가? 죄책감이 없어도 '좋은 사람'이 될 수 있을 거라고 생각하는가?

• 당신이 정말 책임이 있는 곳은 어디인가?

(가정과 일터에서) 주변 사람들이 잘 지내는 데 당신에게 책임이

있다고 생각하는가? 주변 사람들이 행복하도록 보살필 의무가 당신에게 있다고 생각하는가? 이 의무를 다할 때 당신은 무엇을 얻는가? 다른 사람들로부터 애정과 호감을 얻는가? 아니면 소속감과 연대감을 느끼는가? 당신이 유용한 사람이라는, 혹은 괜찮은 사람이라는 느낌을 받는가?

• 다음번에 아니라고 말하는 당신을 떠올려보자.

그때 내면에서 생겨날 죄책감을 쉽게 받아들일 수 있는가? 맞서 싸우는 대신 그 감정이 거기 있음을 알아차리는 데서 그칠 수 있는가? 한 걸음 더 나아가, 죄책감을 반갑게 맞이할 수 있을 것 같은가? 마치 오랜 친구가 연락을 준 것처럼 말이다. 그리고 이 죄책감을 놓아줄 수도 있는가? 서로 가는 길이 달라져 오랜 친구가 당신에게 이별을 고하는 경우처럼 말이다.

'언젠가는 더는 죄책감을 느끼지 않고 잘 거절할 수 있을 거야'라고 막연하게 상상하며 기다리지 말자. 당신은 지금 당장 할 수 있다. 이따금 남의 부탁을 거절한 자신을 책망하겠지만 죄책감이 더는 필요하지 않다는 걸 차츰 깨달아 가면서 당신은 그 감정에서 벗어나서 '아니'라고 말할 수 있다. 그러기 위해서 당신은 혼자만의 시간을 충분히 가져야 한다.

　죄책감 때문에 우리는 종종 다른 사람의 영역에 있는 일에 지나친 책임을 느낀다. 명심하자. 다른 사람의 영역은 그의 운명에 속한 것이다.

각자의 경계를 인정하고 영역을 서로 존중하면, 소중한 사람들과 강하게 연결된다.

타인의 영역과 관련해 짧게 덧붙이자면 개인의 영역에 대한 우리의 의식은 다면적이다. 우리는 스스로 자신의 경계를 세우는 한편 다른 사람의 영역이 어디에서 시작되는지 분명히 알아볼 수도 있다. 예를 들어 아이들이 완전히 성장하기 전까지 부모는 아이들을 보살피며 그들의 건강과 안녕을 위해 애쓴다. 부모들은 기꺼이 그들을 돕는다. 이는 돌봄이 필요한, 우리에게 의지하는 다른 사람들에게도 해당되는 일이다.

그런데 아이들도 아주 어릴 때부터 경계선을 긋기 시작한다. 아이들은 배가 부르다고, 더 먹고 싶지 않다고 확실하게 표현한다. 아이들은 언제 관심을 받고 싶은지, 자신이 언제 피곤한지 주변에 큰 소리로 알린다. 조금 큰 아이들은 어떤 옷을 입고 싶은지, 언제 무엇을 가지고 놀고 싶은지 등을 스스로 결정하고 싶어 한다. 부모(양육자)가 도와주려고 하면 아이들은 가끔 이런 말을 한다. "내가 할래. 나 혼자서 할 수 있어." 부모와 자녀 사이의 다툼은 종종 각자의 경계선을 두고 벌이는 투쟁의 모습을 띤다. 그렇다. 우리 인간은 일찍부터 고유의 영역에 표시를 하고 방어를 했다.

모든 개인의 영역에는 각자가 져야 하는 책임도 포함되어 있다. 우리는 자기 인생만 가꾸고 꾸릴 수 있다. 다른 사람들의 인생 전체를 책임질 수는 없다. 그렇기에 타인이 나만의 영역에 들어오지 못하도록 막는 것이고 다른 사람의 영역에 침입하지 않는 것이다.

그런데 만약 사랑하는 사람이 어떤 일로 계속 괴로워하거나 혹은 나쁜 결정을 내린다면, 당신은 어떻게 하겠는가?

어디까지 타인의 영역을 존중해야 할까?

어려운 일을 겪는 사람들을 돕는 것은 당연하다. 누군가 집에 불이 났거나 사고를 당하면 우리는 그 자리에서 자신이 할 수 있는 일을 해야 한다. 노년의 여성을 위해 무거운 문을 잡아주고, 유아차를 버스에 실으려는 아이 아버지를 도와주어야 한다. 이런 도움은 지극히 인간적이며 아무런 문제도 없다.

문제는 타인을 도울 때 상대의 경계를 지키고 끼어들지 않는 것이다. 참견하지 않으면서 도움을 주는 것이 불가능하다고 생각하는가? 다음에 이어지는 전략을 참고하자.

＊ 전략: 타인을 도와주면서도 거리를 두는 방법 ＊

- **당신의 경계와 상대방의 경계를 존중하자.**

다른 사람이 당신의 도움을 받아들일지 말지는 당신이 결

정하는 것이 아니다. 이는 오로지 상대방이 결정할 일이다. 필요하다면 그도 당신에게서 기꺼이 도움을 받을 것이다. 그리고 만약 상대방이 당신의 도움을 거절해도 당신은 전혀 아무렇지 않다. 상대의 경계를 인정하기 때문이다.

　도움을 주기 전에 혹시 자신이 상대에게 무언가를 기대하는 것은 아닌지 생각해보자. 상대방에게 무언가를 받고 싶은가? 반대급부를 기대하는가? 그렇다면 이에 대해 솔직하게 말하자. 그러고 나서 상대가 당신이 제공하려는 도움을 받아들일지 말지 결정하도록 해야 한다.

• 가르치거나 명령하는 태도를 취하지 말자.

다음과 같은 표현은 상대방에게 굴욕감을 느끼게 한다. "너는 …을(를) 해야 돼, 너는 …을(를) 하면 안 돼." 당신이 건네는 조언이 얼마나 중요하든 상관없이 가르치거나 명령하는 듯한 문장을 사용해 상대방의 결정을 존중하지 않는 뉘앙스를 보이면 그는 당신의 조언을 거절하게 된다.

　당신은 다른 이들에게 그저 아이디어, 제안, 조언 정도를 제공할 수 있을 뿐이다. 당신은 이것들을 상대방의 영역 **앞에** 놓아야 한다. 결정을 그들의 몫으로 두는 것이다. 그리고 이런 식으로 말하는 것이 최선이다. "이건 내 생각인데…" 또는 "내가 조언을 하나 하자면, 물론 …이긴 하지만 말이야."

- **스스로 본보기가 되자. 당신이 어떻게 해 왔는지 상대방에게 보여 주자.**

수많은 말을 쏟아내는 대신 나 자신이 좋은 사례가 될 수 있다. 상대가 당신의 삶을 참고하여 더 나은 방향으로 나아갈 수 있게 하자. 당신이 살아가는 방식과 당신의 행동은 좋은 의도로 건네는 그 어떤 조언보다 훨씬 더 설득력이 있다.

- **당신의 도움에도 경계선을 긋자.**

다른 사람을 위해 어떤 일을 처리할 때, 당신이 무엇 때문에 그렇게 하기로 결정했는지를 상대방에게 분명히 전하자. 그러면서 당신이 어디까지 도움을 줄 수 있는지 그 경계선도 말하자. 경계를 밝히지 않으면 언제까지나 그를 도울 거라는 기대를 심어주게 된다. 영구적인 도움이라는 취소할 수 없는 부탁의 늪에 절대 휩쓸려 들어가지 말자. 당신은 무한히 도움을 쏟아내는 화수분이 아니다.

다른 사람의 영역을 존중하여 그가 스스로 생각하고 결정하고 책임지도록 두자. 그럼에도 다른 사람의 일에 꼭 나서야겠다고 느낀다면, 당신이 그 사람을 어떻게 생각하는지 점검해보기를 권한다. 그가 문제를 스스로 해결하지 못할 거라고, 혹은 잘못된 결정을 내릴 거라고 생각하는가? 그렇다면 당신은 상대방을 과소평가하는 것이다.

상대와 이야기를 할 때 의사소통을 분명하게 하는 데 더욱 신경 쓰자. 당신 내면의 '비평가', '감독관', '걱정 생산자'가 그 사람을 습격하지 않도록. (우리 머릿속에 있는 이들 세 악당에 대한 내용은 2장에 더 자세히 나온다.)

당신은 자신의 생각과 견해를 분명히 말하면서도 상대에게 상처를 주지 않을 수 있다. 당신이 공격적으로 나오면 상대방은 마음의 문을 굳게 닫고 더는 당신의 말을 귀담아듣지 않게 된다. 차분하게, 다정하게, 이해심을 품고 말하기가 때로 힘들더라도, 당신의 말이 상대에게 어디까지 영향을 끼치는지 매 순간 정확히 파악하면서 소통해야 한다.

SNS의 영향에서 나의 귀중한 자원을 지키는 법

당신에게는 누군가와 나눌 수 있는 세 가지 소중한 자원이 있다. 바로 당신의 시간, 에너지, 집중력이다. 하지만 이 자원들은 무제한이 아니다. 여기에 문제의 핵심이 있다. 당신이 자기 결정권을 쥐고 이 세 자원을 분배하는 데 필요한 전제 조건은 바로 '명확한 경계선이 있는 자기 고유의 영역이 있는지'이다.

• 당신에게 중요하고 의미 있는 일에 얼마나 많은 집중력과 시간과 에너지를 분배할 것인가?

• 그리고 당신에게 중요하지 않은 일에 얼마나 많은 집중력과 시간과 에너지를 들일 것인가? 당신을 두렵게 하거나 화나게 하거나 당신에게 해를 끼치는 일에는 또 어떠한가?

매일같이 우리의 집중력과 시간과 에너지를 (말하자면 돈의 형태로) 최대한 빼앗아 가려는 힘에 대해 잠시 이야기해보자. 이미 오래전부터 우리 일상에 자리 잡은 그 이름은 바로 '매체'이다. 텔레비전, 인쇄 매체를 포함해 인터넷, 스트리밍 서비스 그리고 소셜 미디어는 하루 24시간 내내 우리에게 오락거리, 사건·사고·재난 소식과 광고를 제공한다. 날마다 수많은 정보와 이야깃거리를 퍼붓는, 기술 포화 상태인 바깥 세계에 대해 당신은 어떻게 경계를 짓고 있는가?

뉴스가 우리에게 끼치는 영향을 잠깐 살펴보자. 뉴스는 우리 두뇌의 아주 중요한 기능 중 하나를 자극한다. 뇌는 위협이 있을 때 우리가 상황에 기민하게 대처하도록 높은 주의력과 집중력을 끌어낸다. 뉴스가 가장 자주 보도하는 것이 바로 세상의 모든 위협적인 사건이다. 누군가의 명예로운 헌신이나 구조 활동, 또는 문화와 스포츠에 관한 정보가 보도되기도 하지만 뉴스의 대부분은 전 세계의 충격적이고 공포스러운 사건들을 다룬다. 우리는 영상으로 음성으로 전해지는 이런 충격을 두뇌의 반응에 따라 심각하게 받아들인다.

많은 사람들은 자신이 매일 뉴스를 보기 때문에 세상에서 벌어지는 일에 눈이 밝다고 생각한다. 그러나 이들은 뉴스 보도가 선택적이라는 것을 잊는다. 뉴스는 객관적이지 않다. 뉴스 보도는 우리의 주의 집중을 끌기 위해 선택적으로 '연출'된 것이다. 보도되는 뉴스는 편집국에서 선별하며 주로 네 가지 주제에 집중되어 있다. 사회적 위기, 전쟁, 재난, 범죄. 뉴스를 보는 사람은 암담하고 폭력적이며 위협적인 세계상을 제공받을 뿐이다.

쏟아지는 정보의 영향을 인식하자

앞서 말한 네 가지를 주로 다루는 뉴스에는 매우 강한 암시적 힘이 있다. 뉴스는 우리 내면의 '걱정 생산자'에게 먹이를 준다. 불안 장애가 있는 사람들은 충격과 공포를 자아내는 뉴스 보도 때문에 훨씬 더 크게 불안을 느낄 수 있다.

✳ 나의 조언 ✳

걱정이 많거나 불안을 잘 느낀다면 경계를 잘 짓는 데 더 신경을 쓰자. 불안을 자극하는 바깥의 요인을 자신의 영역

안으로 들이지 말자. 매일같이 습관적으로 보고 듣는 뉴스 방송과 거리를 두자. 뉴스도 편집된 것이라는 사실을 인식하자. 당신의 일상과 인터넷 공간에서 벌어지는 증오 관련 논쟁과 거리를 두자. 당신의 마음과 영혼에 긍정적이고 유익한 소식과 이미지를 의식적으로 공급하자.

매체를 수동적으로 수용하는 대신 매체를 보고 듣는 동안 어떤 정보가 전달되는지 또렷하게 '의식'하기를 권한다. 바깥에서 전해지는 모든 것을 다 받아들이지 말자. 당신은 매 순간 정신적으로 건강한 정보를 섭취하기를 선택할 수 있다.

스마트폰이나 컴퓨터, 텔레비전 화면에 비치는 것이 당신의 삶에 정말 의미가 있는가? 당신이 설정한 목표, 당신이 중요하게 여기는 가치관에 부합하는가? 당신이 소망하는 삶에 다다르는 데 도움이 되는가?

소셜 미디어는 내면의 비평가에게 '먹이'를 준다

소셜 미디어는 '내면의 비평가'가 우리 자신을 다른 사람들과 비교하게 만드는 엄청난 기회의 땅이다. 개인의 내면을 이루는 한 축인 '비평가'는 이런 비교를 통해 우리가 제 기량을 발휘하지 못하게 한다.

인터넷에는 자신의 멋진 삶을 자랑하는 아름답고 몸매 좋은 사람들의 사진과 영상이 넘쳐 난다. 부유한 이들은 비싼 자동차와 호화 빌라, 널찍한 수영장을 전시해 온 세상에 자신을 과시한다. "봐, 내가 이 정도야!"

이런 과시의 상당수가 치밀하게 연출된 속임수라는 것을 우리는 안다. 그럼에도 이런 화려하고 아름다운 겉모습은 마음에 크게 남는다. 내면에 자리한 비판적 목소리는 자기 자신과 자신의 인생을 이처럼 잘 다듬어진 이미지와 비교한다. 남들처럼 반짝거리지 않는 자신을 보며 우리는 불쾌하고 불편한 느낌을 받는다. 그저 화면을 통해서만 알고 있는, 겉보기에 멋진 삶을 누리는 사람들을 질투하기도 한다. 이런 부정적인 감정에 경계선을 그으려면 어떻게 해야 할까?

타인의 삶은 타인의 것임을 의식하자

당신은 자신의 영역에 머무르며 경계선을 그어야 한다. 다른 사람들이 행하는 것, 그들이 전시하는 것, 그들이 선보이길 원하는 것은 모두 그 자신에게 속한 것이다. 이는 영향력을 얻고 인정을 받고 싶어 하는 그들의 소망과 의도와 목적이 담긴 결과물이다. 이 모두는 그들의 영역에 속한다. 다른 사람들의 삶은 당신과 관련이 없다. 더 단호하게 말하자면 당신과 **전혀**, 아무런 상관이 없다. 당신은 다른 사람들이 보여주는 무언가를 판단할 필요가 없다. 이를 들여다보지도 말고 깊이 생각하지도 말자. 특히 그들과 당신을 비교하지 말자.

소셜 미디어가 알고리즘을 바탕으로 해 계속해서 당신을 유혹하고 집중력을 빼앗으려 하

● 명심하자. 당신은 나무랄 데 없이 잘하고 있다. 당신은 유일무이하며 완전하다. 그리고 원한다면 스스로 변화를 만들어낼 수도 있다.

겠지만, 당신은 자유 의지가 있는 사람이다. 무엇을 클릭할지는 당신이 결정한다. 그리고 당신이 켤 수 있는 무언가는 당신 손으로 끌 수도 있다. '소통'은 소셜 미디어가 제공하는 것 가운데 하나에 불과하다. 여기서 핵심은 '제공'이다. 당신은 소셜 미디어가 제공하는 것을 '거부'할 수 있다. 혹은 당신에게 도움이 되고 유익한 것만 골라낼 수 있다. 매체를 대할 때도 중요한 것을 거르는 체가 필요하다. 쓸모없거나 불필요한 것 또는 해로운 것은 빠져나가게 두자.

중요한 것을 놓치면 우리의 경계 또한 놓치게 된다. 경계가 없으면 우리는 바깥 세계에서 벌어지는 소란스런 사건을 비롯해 온갖 유혹과 자극에 포위되고 만다. 분명하게 거절하고 거부하지 않으면 우리는 마치 핀볼 게임 속 구슬처럼 정확한 목표에 닿지 못하고 이리저리 분주하게 휘둘리게 된다. 집중력은 분산되고, 또 다른 소중한 자원인 에너지와 돈, 시간을 허비하게 된다.

당신에게는 무엇이 중요한가? 그리고 무엇이 부차적인가? 디지털 자극으로 가득한 세상에서 무엇을 자신의 영역으로 들일지 당신은 스스로 정해야 한다. 거부하는 말과 수용하는 말을 통

해, 어느 시간대에 어느 범위까
지 온라인에 머물지 확실하게
정해야 한다. 이런 과정에서 자
신이 온라인에서 귀한 시간을

어떤 디지털 도구를 언제 사용하고 얼마나 오래 사용할지 스스로 결정할 수 있도록 이에 대한 자신만의 현명한 '취급 방식'이 필요하다.

너무 많이 낭비하고 있음을 깨닫게 된다면 이는 당신이 정보의
통제권을 쥐고 새로 경계를 짓는 데 유용한 기회가 될 것이다.

✳ 온라인 세계의 소용돌이와 거리를 두는 일곱 가지 조언 ✳

1. 자신의 습관을 분명히 인식하자.

어느 시간대에 소셜 네트워크에 접속하는지 며칠 시간을
두고 주의해서 관찰하자. 스마트폰을 켜거나 웹 사이트를
열기 전에 머릿속에서 무슨 생각이 떠오르고 어떤 느낌이
드는지를 특히 주의해서 보자.

당신은 무엇 때문에 웹 사이트에 접속하는가? 호기심인
가? 최신 정보를 놓칠지 모른다는 두려움인가? 특별한 사
진을 전송하거나 의견을 말하고 싶은 소망 때문인가? 누
군가 당신을 알아봐주기를 바라서인가? '좋아요'를 받고
싶은가? 당신은 온라인 세계에서 정확히 무엇을 찾고 있
는가?

2. 중요성을 점검하자.

소셜 네트워크 어플을 열기 전에 자신에게 물어보자. 이걸

하는 게 내게 중요하고 유익한가? 이걸로 나는 어떤 목표에 가 닿으려 하는가? 이런 질문은 의미 없는 행동을 중단하고 중요한 것을 우선 순위로 놓도록 도와준다.

3. '오프라인 타임'을 만들자.

하루 중 디지털 기기를 꺼 두는 시간을 정하자. 예를 들어 다른 사람들과 같이 식사를 할 때, 아침에 일어난 직후, 잠자리에 들기 전에는 전자 기기를 끄기로 정하는 것이다.

4. 가상 세계가 아닌 현실 세계에서 하는 활동을 계획하자.

내킨다면 다른 사람들과 함께하는 활동을 계획하는 것도 좋다. 모든 감각을 사용해 지금 이 순간을 느낄 수 있는 오프라인 활동을 조직하여 적극적으로 참여해보자. 스포츠 활동을 하든, 레스토랑에서 좋은 음식을 먹든, 자전거 투어나 등산을 하든, 바닷가나 호숫가로 소풍을 떠나든 무엇이든 상관없다. 연주회나 전시회를 방문해도 좋다. 아니면 매일 저녁 동네 한 바퀴를 산책하는 것도 괜찮다. 이런 활동을 구체적으로 정해서 꾸준히 실행하도록 하자.

5. 디지털 잡동사니를 한데 묶어 처리하자.

이메일에 답하기, 인터넷에서 정보 검색하기, 온라인 상점에서 장보기, 친구들에게 소식 전하기처럼 반복적으로 하는 온라인 활동을 위한 시간을 따로 정해 두자. 주의와 집중이 흩어지고 소모되는 것을 막을 수 있다.

6. 더 집중하기: 알림을 줄이거나 아예 꺼버리자.

이메일이 도착했을 때, 혹은 누군가 소셜 미디어에 게시물을 올리거나 당신에게 메시지를 보냈을 때 소식을 전해주는 푸시 알림 기능을 꺼 두자. 중요한 것을 놓칠까 봐 불안해하지 말기를. 소식은 하루 중 적당한 시간에 확인하면 되고, 정말 중요한 일이라면 푸시가 아니라 전화가 올 것이다.

7. 차분히 안정을 취하는 시간을 만들자.

규칙적으로 '지금 이 순간'에 머무르자. 하루 단 몇 분이라도 누구의 방해도 받지 않는 장소에 자리를 잡고 편하게 앉아보자. 내내 핸드폰, 모니터 화면을 들여다본 당신의 눈에 휴식을 주자. 눈을 감아도 좋다. 주변에서 들려 오는 소리에 귀를 기울여보자. 도로를 지나는 자동차들, 바람, 새들의 노랫소리, 당신의 배 속에서 나는 꼬르륵 소리도. 머릿속에 떠도는 생각을 의식적으로 깨달아보자. 그리고 모든 것을 있는 그대로 내버려 두자. 이 순간만큼은 아무것도 하지 말고, 그 무엇도 바꾸려 하지 말자. 그저 거기 그대로 있으면 된다. 숨을 의식적으로 들이마시고 내쉬자. 당신의 어깨와 목 근육이 더 부드러워지도록 긴장을 풀자. 눈 주변의 근육도 풀어주자. 이 순간은 아무 일도 하지 말고 잠시 멈추자. 이런 식의 짧은 중단과 휴식은 에너

지를 채우고 당신의 주의와 집중을 한데 모으는 데 도움이
된다.

'아니'라는 말은 당신의 마음을 알려주는 측정기다

종종 당신은 '아니'라는 말 이상이 필요할 것이다. 아니라는 말
은 하나의 '측정기'로, 당신이 무엇을 거부하고 싶은지, 즉 무엇
이 당신의 일상을 과하게 차지하는지를 보여준다. 너무 많은 불
만, 너무 많은 방해, 너무 많은 의무, 너무 많은 일정, 너무 많은
분노, 너무 많은 무질서, 너무 많은 스트레스, 그리고 너무 많은
사건. 당신은 이런 것들에 '아니'라고 말하면서 '그래, 좋아'라
는 말을 발견하게 된다. 부정적인 것들을 지운 자리에는 당신에
게 더 나은 것이 있을지 모른다. 당신이 소망하는 무언가. 더
가지고 싶고 더 경험하고 싶은 무언가.

당신이 무엇을 원하지 '않는지'만 알아서는 충분하지 않을 때
가 있다. 무언가를 거절하고, 원하지 않는다고 말하고, 아니라고
말하는 것은 영원히 일면적일 수 있다. 이는 마치 기차표를 하나
사려는 것과 같다. 매표소 직원이 어디로 가는지 묻자, 당신은
"헬싱키는 아니라고" 답한다. 당신이 어디로 가고 싶지 않은지
아는 것은 좋다. 하지만 이것만으로는 충분하지 않다. 당신이 무

엇에 대해 아니라고 말하고 싶은지 당신은 잘 알고 있다. 그러나 좋아하는 것들을 수용하고 적극적으로 찾아 가는 '그래(좋아)!'라는 말이 없으면 당신은 제자리에 머물게 된다.

당신이 원하는 바를 향해 한 걸음 더 나아갈 수 있도록 실용적인 방법을 하나 소개하려 한다. 이 방법은 당신이 아니라는 말과 그래라는 말을 똑같이 진지하게 이해하는 데 도움이 될 것이다.

'아니'라는 말과 '그래'라는 말이 알려주는 나

나는 훌륭한 통찰과 지식을 일상에서 실천으로 옮기는 것을 좋아한다. 이를 위한 시작은 우리가 스스로 아니라는 말을 할 수 있는 '내면의 태도'를 갖추는 것이다. 이런 마음의 태도가 효과를 내려면 일상에서 우리가 내뱉는 거절의 말이 사그라들지 않도록 도와주는 실용적인 전략 또한 필요하다.

거의 모든 상황에서 효과가 있는 한 가지 방법이 있다. 핵심은 바로 **아니오/예 목록**에 있다. 화가 나거나 신경이 곤두서거나 불안할 때마다 나는 내가 '아니'라고 생각하는 것, 더는 하고 싶지 않은 것, 내가 덜 원하는 것을 기록했다. 그러고 나서 그 대신 내가 무엇을 바라는지 써보았다. 말하자면 내가 추구하는 것, 내가 '그래'라고 말하고 싶은 것을. 목록을 쓰면서 내가 바라는 것을 현실로 옮기는 방법을 찾는 일 또한 나에게는 무척이나 중요해졌다.

이런 과정에서 아니오/예 목
록이 만들어졌다. 나는 이것을
내가 운영하는 세미나와 코칭
프로그램에 소개했다. 수많은

●
'아니'라고 말하고 싶은 것들을
글로 씀으로써 당신은 자신이 지은
경계를 인식하게 된다. 그리고 당신의
'그래'라는 말은 원하는 바를 실현할
기회가 된다.

참가자들이 긍정적인 피드백을 주었다. 나는 당신에게도 이를
권하고 싶다.

시험 삼아 목록을 한번 적어보자. 바로 뒤에 이 목록이 나온
다. 목록은 당신 자신이 바라는 것, 그리고 그렇지 않은 것을 체
계적으로 파악하는 데 도움이 될 것이다. 아니오/예 목록에는
다음과 같은 이점도 있다.

1. 당신이 무엇 때문에 아니라고 말하는지 스스로 분명히 알게
된다. 자신이 그동안 드러내지 못했던 거절의 뜻을 진지하게 인
식하게 된다. 목록을 적으면서 당신의 생각은 '원하지 않는 것'
만 고민했던 데서 차차 벗어나게 된다. '아니'라는 말을 하는 여
유를 만들 수 있게 된다. 목록을 적는 것만으로도 당신은 자신이
하는 거부의 말에 힘을 싣도록 스스로 동기를 부여하게 된다. 또
한 이를 실행에 옮길 각오도 점차 커진다.

2. 당신이 원하지 않는 것, '아니'라고 말하고 싶은 것들을 글로
쓰고 나면 당신은 자기 생각을 반대 방향, 즉 당신이 원하고 이

루고 싶고 '그래'라고 말하며 수용하고 싶은 쪽으로 밀고 나가게 된다. 당신에게 더 나은 것, 더 유익한 것으로 향하게 된다. 내면의 내비게이션이 '더 나은 무언가'를 찾아가게 만드는 것이다. 이제 당신은 삶이라는 여정이 어디로 향하는지 알게 된다.

3. 원치 않는 것과 거리를 두고 소망하고 바라는 것을 어떻게 이룰 수 있을지 생각을 펼치며, 당신은 한 걸음씩 앞으로 나아가게 된다. 이때 머릿속에 떠오르는 것을 모두 적어보자. 생각을 가지고 자유롭게 놀아보자.

4. 당장은 아무것도 떠오르지 않아도 상관없다. 긴장이 풀릴 때까지 잠시 기다려보자. 차차 기발한 생각이 떠오를 것이다. 좋아하는 것, 그리고 그것을 실행할 방법에 대해 몇 가지 아이디어가 생겼다면 그 가운데 일부를 직접 해보자. 해본다는 말은 직접 실험을 하라는 뜻이다. 호기심을 품고 열린 자세로 실험을 하되 자신에게 의무를 지우지는 말자. 즉, 모든 걸 바로 완벽하게 해내야 한다고 압박하지 말자. 당신 자신에게 시행착오를 허락하자. 분투하기보다는 여유를 가지고 시도해보자. 가장 '끌리는' 아이디어로 가볍게 시작해보자.

아니오/예 목록을 쓸 때는 자신만의 속도로 진행하자. 어쩌면 아니라고 말하고 싶은 것들이 길게 이어질지도 모른다. 하나의 문제가 당신에게 거듭 방해가 되거나, 일터나 집 등 특정 생활 영역에 대해서 아니라는 말이 특히 더 많이 나올 수도 있다. 그런 경우 당신이 그 부분에 근본적인 경계선을 그어야 한다는 신호일지 모른다.

만약 당신이 다음 경우에 해당된다면 아니오/예 목록을 꼭 써보기를 추천한다.

• 과도한 부담을 느끼거나 완전히 지친 느낌이 든다면…
• 과거에, 특히 어렸을 때 자기 영역에 대해 아무런 경계를 짓지 못했다면…
• 최근에 위기나 트라우마를 경험했다면…
• 자신이 매우 민감하고 예민하다고 느낀다면…
• 신체적으로나 정신적으로 늘어져 있거나, 가라앉은 느낌 혹은 우울한 느낌이 든다면…
• 자신에 대해 너무 많은 걱정을 하고 있다면…

이제 드디어 아니오/예 목록이 나온다. 당신이 이 목록을 더욱 잘 이해할 수 있도록 두 가지 예를 써보았다.

연습 노트:
당신이 원하는 것을 파악하는 '아니오/예 목록'

아니, 나는 이걸 원하지 않아.	← 이로부터 나는 어떻게 벗어날 것인가 그리고 어떻게 이리로 향할 것인가 → 아이디어와 발걸음 (시도해볼 만한 것들)	그래, 나는 이걸 원해. 이걸 하고 싶어.
프로젝트 작업량이 많아서 나의 여가 시간을 빼앗기고 있어.	모든 팀원들의 여가 시간을 보장해 달라고 제안하기 일을 집으로 가져가지 않기 집에 와서는 업무 관련 이메일을 읽지 않기 집에서는 업무 관련 전화를 모두 차단하기 다른 일자리 찾아보기	다른 계획을 할 수 있는, 방해받지 않는 여가 시간 가족들과 더 많은 시간 보내기 가까운 친구들 만나기 주말마다 규칙적으로 운동하기(축구 훈련)
게오르크는 일하는 중에 한숨을 너무 푹푹 쉬어.	게오르크에게 이에 대해 솔직하게 말하기 그에게 마음을 진정시킬 수 있는 작은 선물을 하기 한숨을 듣지 않도록 나를 위한 귀마개 장만하기 사무실 자리 재배치 요청하기	소음 없는 사무실에서 일하기

목록을 쓰는 당신을 위한 조언

자신에게 글을 쓸 공간을 넉넉히 주자

새로운 생각이 떠오르면 잊어버리지 않도록 이를 얼른 적어 두자. '아니'라고 말할 것을 새로 발견하면 아마 마음속 창고에 갇혀 있던 또 다른 아니라는 말들이 저절로 떠오를 것이다. 당신의 선호는 확실해지고 아니라는 말은 점차 더 확고해진다.

이 목록은 일회성이 아니다

또한 영원한 입문서도 아니다. 이 목록은 하나의 과정으로, 계속해서 발전을 거듭하는 것이다. 당신은 언제든 목록을 수정할 수 있고 새로운 내용을 추가할 수도 있다.

아니라는 말을 밖으로 내뱉자

당신이 현재 어려움에 처해 있거나 주어진 상황에서 압박을 느낀다면, 무엇으로부터 벗어나고 싶은지를, 다시 말해 당신이 거절하고 멀리하고 싶은 것을 찾는 데 먼저 집중하자. 이를 모두 글로 써 털어놓자. 그런 다음 당신이 소망하는 것, '그래! 좋아!'라고 말하고 싶은 것에 집중하자. 무엇이 당신에게 유익한지를 살피자.

　이 단계에서 '이게 다 무슨 소용이야'라는 식의 차단막은 세우지 말자. 어쩌면 당신은 원하는 것을 곧바로 이룰 수 없다고,

목록 하나 작성한다고 크게 달라지는 건 없을 거라고 생각할지 모른다. 하지만 기록만으로 벌써 일종의 '물질적 구체화'가 일어난다. 아직 생각과 감정에 머물러 있는 소망은 글로 확실히 쓰이면서 하나의 물질적 공간을 차지하게 된다. 글로 쓰면서 당신은 자신의 소망에 알맞은 단어들을 이미 찾아냈다. 그리고 이것으로 초석을 하나 세운 셈이다. 기록을 하며 당신은 자신에게 무엇이 중요한지 상기했다. 이제 당신은 자신이 원하는 바, 자신에게 유익하고 중요한 것을 더는 쉽게 잊지 못할 것이다.

순서를 바꾸어 '아니오' 목록 대신 '예' 목록을 먼저 작성할 수도 있다. 당신이 어디로 가고 싶은지, 무엇을 바라는지를 먼저 적어보아도 된다. 그러고 나서 당신이 소망하는 것에 다다르기 위해 어디에 경계선을 긋고 싶은지, 무엇에 대해 아니라고 말하며 자신의 영역을 지키고 싶은지를 깊이 생각해보는 것이다.

마음의 안정을 찾은 뒤에 생각을 모으자

심한 스트레스를 받고 있는가? 그렇다면 아무런 생각이 떠오르지 않거나 나쁜 생각만 날지 모른다. 묘안이나 새로운 해결책은 당신이 어지러운 일에서 벗어나 평온한 상태일 때 비로소 떠오른다. 목록을 적을 때 혹여 가운데 칸에 들어갈 말이 전혀 생각나지 않는다면, 기다리자. 시간을 충분히 들여 마음을 먼저 가라앉히도록 하자.

긴장을 풀고 차분한 상태를 유지하자

압박을 느끼며 목록을 작성하지는 말자. 아이디어를 짜내지 않아도 상관없다. 당신이 '반드시 해야 하는' 일은 세상에 없다.

그저 당신이 무엇을 원하지 않는지 확실히 아는 것이 먼저다. 그리고 이 단계를 시작한 것만으로도 의미가 있다. 서두르지 말자. 당신 자신과 그 어떤 형식이나 의무나 책임 없이 자유롭게, 호의적인 관계를 맺자.

신경 쓰이는 것은 머릿속에서 빼내 종이에 옮기자

아니오/예 목록은 당신에게 가장 잘 맞는 방식으로 작성하면 된다. 나는 아날로그 방식으로, 종이 위에 펜으로 쓴다. 목록의 내용은 계속 달라진다. 줄을 그어 삭제한 것도 있고 이미 해결해서 체크 표시를 남긴 것도 많다. 종종 아주 작은 글씨로 덧붙여 쓰기도 한다. 몇몇 문장은 형광펜으로 두껍게 칠해 강조했다. 나는 이 목록을 늘 가지고 다닌다. 강연이나 세미나를 하러 갈 때도 챙겨간다. 이동을 하는 동안, 특히 일을 하는 동안 나의 신경을 건드리는 모든 것은 나만의 아니오/예 목록에 올린다. 말하자면 이 목록은 나를 살피고 늘 내게 귀를 기울이는 '불평불만의 본부'이다. 이곳은 내가 털어놓는 모든 불평불만을 받아들인다.

목록을 쓰며 나는 내 영혼의 풍경을 정돈한다. 내 신경을 건드리는 것은 내 머리에서 나와 종이 위로 옮겨진다. 머릿속 혼란은

잠잠해지고 나는 밤에 더욱 편히 잠들게 된다.

굳어진 생각에 새로운 방향을 부여하자

아니오/예 목록은 고유의 사고방식을 반대로 돌리는 초대장이기도 하다. 목록의 오른쪽, 즉 내가 원하는 것을 적는 칸에서는 내게 무엇이 더 나은지를 생각한다. 그러면서 우리의 생각은 원하지 않는 것이나 방해되는 것, 또는 아니라고 말하고 싶은 무언가와 거리를 두게 된다. 이 칸을 살피며 나는 내가 무엇으로 편안함을 느끼는지 머릿속으로 그려보고 이것을 적는다. 그리고 계획이나 구상, 희망적인 상상을 주로 적는다. 이들 가운데 몇몇은 실제로 이루기까지 많은 시간이 들지만 상관없다. 여기서 중요한 것은 내가 어떤 방향으로 나아가고 싶어 하는지 아는 것이다.

목록의 가운데 부분, 아이디어와 발걸음(시도해볼 만한 것들)을 쓰는 칸에는 머릿속에 떠오르는 모든 것을 기록하면 된다. 아이디어는 많을수록 좋다. 대부분은 시간이 지나면 좋고 싫다는 선명한 감정과 확신이 담긴다. **괜찮은 생각이야. 일리가 있어. 지금 당장 해봐야지.** 그리고 여기에도 해당되는 말이지만, 완벽주의는 필요 없다. 우리는 모두 새로운 경험을 하며, 넘어지고 다시 일

●
당신의 삶에 충분한 공간을 마련하자. '그래'라는 말에 더 많은 시간을 주자. 당신이 사랑하는 사람들에게도 마찬가지다.

어나면서 무언가를 배운다.

이 목록이 중요한 이유 하나가 더 있다. 이를 적으면서 당신은 내면의 비평가의 손에 들린, 당신의 영혼에 상처를 입히는 화살을 빼앗을 수 있다. 우리 내면을 이루는 일부인 이 비평가는 당신의 분노와 짜증을 자기가 주도하여 관리한다. 그러나 당신이 그래라는 말과 아니라는 말을 의식적으로 이해하면 내면의 비평가가 힘을 쓰지 못하게 만들 수 있다. 머릿속에 울리는 이 투덜대는 목소리가 더는 당신을 방해하지도, 신경을 건드리지도 못하게 하자. 내면의 비평가가 말하는 것은 모두 당신이 적어 내려간 그 목록 위에 있다. 당신이 내면의 비평가보다 더 큰 결정권을 쥐면 그는 점차 소리를 줄인다. 생각의 회전목마가 차차 멈추고 머릿속은 고요해진다.

이어지는 다음 장에서는 우리 내면의 비평가와 그의 동료들에 대해 더 자세히 이야기하려 한다. 아울러 그들이 만들어내는 부정적이고 괴로운 생각들에서 우리 자신을 지키도록 그들에 대해 경계를 짓는 법도 이야기하겠다.

2장

생각의 지옥에서 빠져나오기

부처의 가르침 가운데 '두 개의 화살' 이야기가 있다. 첫 번째 화살은 살면서 맞닥트리는 '힘든 경험'이다. 예를 들면 신체적 고통, 경제적 손실, 인간관계에서 벌어지는 갈등 또는 사랑하는 사람의 죽음 등이다. 부처는 우리가 각자 살아가면서 언젠가 마주치는 이런 불편한 경험을 삶의 첫 번째 화살이라 부른다.

두 번째 화살도 있다. 우리는 이 두 번째 화살을 자기 자신에게 쏘아 스스로 상처를 입는다. 이 화살은 우리 머릿속에서 생겨난다. 바로 우리가 만들어내는 부정적인 생각이다. 부정적인 생각들로 우리는 자신을 비난하고 다른 사람을 공격한다. 자기 자신을 압박하거나 다른 사람에게 어떤 행위나 생각을 강요하려 한다. 머릿속에서 빙글빙글 돌며 우리의 잠을 앗아가는 걱정

의 회전목마도 이로 인해 생겨
난다.

이번 장은 그 어떤 것보다 중
요한 경계, 즉 **자기가 만든 불행으
로부터 거리를 두는 방법**에 대해
이야기하려 한다.

우리가 경험하는 모든 것은 우리의
생각을 통해 해석된다. 우리가
느끼는 감정은 자신이 경험한 것을
스스로 무엇이라 생각하는지에 달려
있다.

생각과 감정이 일어나는 과정은 겉으로 드러나지 않기에 모
호해 보인다. 이 과정을 더 쉽게 이해하기 위해, 나는 인격을 여
러 부분으로 나누는 분석 모델을 사용하려 한다. 이 모델은 우리
의 인격이 단 하나의 견고한 덩어리가 아닌, **다양한 하위 인격**으로
이루어져 있다는 전제에서 출발한다. 이 모델은 여러 가지 버전
이 있다. 할 스톤Hal Stone과 시드라 스톤Sidra Stone의 '목소리 대화
법'Voice Dialogue, 리처드 슈워츠Richard C. Schwartz의 '내면 가족 체
계'Internal Family Systems; IFS, 톰 홈즈Tom Holmes의 내면 체계 통합
치료Integrative Inner Systems Therapy; IIST, 로빈 샤피로Robin Shapiro의
'자아 상태'Ego-State 방법론 그리고 프리데만 슐츠 폰 툰Friedemann
Schulz von Thun의 '내적 팀'Das Innere Team 등이다. (책의 맨 뒷부분에
있는 참고문헌에 이 주제와 관련된 다수의 좋은 책을 정리해놓았다.)

여기서 나는 우리 인격을 이루는 여러 부분 가운데 우리를 가
장 괴롭히는 셋을 보여주려 한다. 앞에서도 잠시 언급했던 **내면
의 비평가**와 내면의 감독관 그리고 **내면의 걱정 생산자**다. 나는 이 셋

을 '골칫덩이'라 부른다. 말하자
면 이들은 부정적인 사고의 본
체이며, 우리 머릿속에서 아주
많은 '방송 시간'을 차지하며 쉴
새 없이 자기 생각을 내보낸다.

이들 세 골칫덩이는 당신의
자아가 아니다. 이들은 바깥에서
들어와 당신이 내면화한, 부정적인
메시지들이다.

우리가 바깥에서 날아온 첫 번째 화살을 맞고 나면, 그러니까
힘들고 어려운 사건이 벌어지고 나면 내면의 골칫덩이들이 목
소리를 높여 머릿속을 지배한다. 이들은 두 번째 화살을 쏘아 자
신에게 상처를 입히고 불행하게 만든다.

내면의 혼잣말은 당신의 감정을 정한다

이들 세 골칫덩이가 당신의 인격 안에도 살고 있는지 알고 싶은
가? 그렇다면 무언가 잘못되었을 때 당신이 무슨 생각을 하는지
살펴보자.

당신이 지금 새로 산 바지를 입고 있다고 한번 상상해보자. 커
피 잔을 내려놓다가 새 바지에 커피 방울이 튀었다. 머릿속에 맨
먼저 떠오르는 생각은 무엇인가?

보통은 내면의 비평가가 즉시 발언권을 잡는다. 그는 욕을 하
고 질책하고 저주한다. "이런 망할! 아침부터 재수가 없네. 진짜

짜증 나네!" 내면의 비평가는 자기만의 저주와 모욕의 레퍼토리가 있다. 무언가 잘못되었을 때 당신 내면의 비평가는 어떤 말을 내뱉는가?

내면의 감독관도 활동을 시작한다. 그는 당신에게 의무와 강요가 담긴 생각을 전한다. "조심 좀 하자!" 아니면 "앞으로 좀 더 차분해져야겠어, 산만하게 굴지 말자!" 종종 그는 짧은 명령을 내리기도 한다. "조심해! 제발 정신 차려!"

걱정 생산자는 당신이 커피 얼룩으로 더러워진 바지를 입고 돌아다닐 때, 주변에 나쁜 인상을 줄까 걱정하도록 이야기에 살을 붙인다. "이러고 밖에 나가면 사람들이 나를 더럽다고 생각하겠지. 자기 관리도 못 하는 사람으로 보겠지." 걱정 생산자는 당신이 앞으로도 계속 부주의하거나 산만할 경우 무슨 일이 벌어질지 보여주기도 한다. 예컨대 흰 옷을 입으면 분명 또 실수를 해 옷을 다 망가트릴 수도 있다고 말하는 식이다.

비슷한 경우에 처했을 때 어떤 생각이 주로 머릿속에 떠오르는가? 그리고 이들이 당신 머릿속을 휩쓸고 지나가면 어떤 느낌이 드는가? 불쾌한가? 화가 나는가? 분노가 치솟는가? 그렇다, 머릿속의 이 '부정적 수다쟁이'들은 스트레스를 일으킨다.

이 지점에서 한 가지를 확실히 하고 싶다. 바지에 묻은 커피 얼룩 자체는 당신에게 스트레스를 주지 않았을지 모른다. 또한 아무런 감정도 불러일으키지 않았을 수 있다. 그저 **당신의 생각**이 스트레스를 느끼도록 자극했을지 모른다. 당신의 머릿속 생각이 눈앞에 벌어진 일에 대해 자기만의 해석을 하면서 이 커피 얼룩이 당신에게 어떤 의미인지를 말한 것이다. 그리고 이 생각이 당신의 부정적인 감정을 불러일으킨 것이다.

몸은 내 생각을 떠안는다

기분이 별로 좋지 않거나 불안하거나 불쾌한 느낌이 든다면 이는 어디에서 시작된 걸까? 원인은 세 골칫덩이로, 당신이 바지 위의 커피 얼룩에 더 화를 내도록 만든다. 당신은 지금 느끼는 분노가 쓸데없이 과하다는 것을 안다. 작은 얼룩이 남았다 한들 별문제는 없기 때문이다.

하지만 당신의 분노로 분명히 달라지는 것이 하나 있다. 즉, 내면의 골칫덩이들 때문에 생긴 스트레스는 당신의 몸이 떠안는다. 마음속에서 생겨난 부정적인 감정은 당신의 몸 상태를 바꿔놓는다. 근육의 긴장이 높아지고 혈압이 올라간다. 심장이 뻐근해지기도 한다. 그렇다. 부정적인 생각은 당신을 아프게 만든다.

이 장에서 나는 비평가와 감독관 그리고 걱정 생산자의 기나긴 수다로부터 의식적으로 거리를 두는 방법을 전하려 한다. 가장 중요한 것은 당신의 머릿속에서 지금 누가 발언권을 쥐고 있는지를 알아차리는 것이다. 내면의 비평가, 감독관, 걱정 생산자가 지금껏 당신이 의식적으로 깨닫지 못한 상태에서 생각을 지배했을 가능성이 높기 때문이다. 어쩌면 당신은 이런 부정적인 혼잣말이 당신의 '자아'라고 여겼을지 모른다. 하지만 이는 당신의 진정한 자아가 아니다. 그저 내면의 악당, 골칫덩이들이다.

내면의 비평가, 감독관, 걱정 생산자는 머릿속에 번갈아 가며 나타난다. 이들은 서로 보완하며 공동으로 일을 한다. 예를 하나 들어보자. 내면의 비평가가 몸무게가 조금 늘었다고 당신을 비난하면 이어서 걱정 생산자가 나타나 앞으로 계속 이런 식으로 살면 무슨 일이 벌어질지 상상을 펼친다. 걱정 생산자는 말하자면 '공상가'이다. 그는 당신에게 하나의 비전을 전한다. 당신이 점점 더 비대해지면 조만간 한 치수 큰 옷을 새로 사야만 한다는, 미래에 대한 걱정이 담긴 공상이다.

이런 걱정스러운 비전은 당신을 불안하게 만들고 내면의 감독관을 자극한다. 이제 감독관은 당신을 압박하며, 체중을 줄이기 위해 무엇을 해야 하는지 줄줄 떠든다. 내면의 감독관이 흔히 나열하는 '할 일 목록'을 당신은 이미 알고 있다. "나는 이제 단 음식을 덜 먹어야 해. 운동을 더 많이 해야지. 더는 밤에 군것질을 하지 말아야 해. 하루에 칼로리를 얼마나 섭취하는지 더 신경 써야겠어. 탄수화물도 끊어야지."

머릿속으로 자기 자신이나 다른 사람을 폄하하거나 비난하고 있다면 지금 내면의 비평가에게 압도당했다는 뜻이다.

우리가 감독관의 지시를 따르지 않으면, 그리고 체중 감소가 제대로 이루어지지 않으면 무슨 일이 벌어질까? 내면의 비평가가 다시 등장한다. 그는 당신을 비난하고 공격한다. 자기가 생각하기에 당신이 너무 게으르고 제멋대로이기 때문이다. 이어서 걱정 생산자가 다시 나와 당신에게 암담한 미래의 비전을 그려 보인다. "계속 이런 식으로 살면, 다시는 여름에 수영복도 못 입을 거야." 당연히 감독관은 당신을 계속해서 압박한다. 어쩌면 이번에는 판단 기준을 아주 높이 잡아 당신이 기어이 운동 프로그램을 하나 등록하게 만들지 모른다.

골칫덩이들은 머릿속에서 같은 생각을 반복해 이야기한다. 그러면서 문제는 해결하지 않는다. 당신이 이를 의식적으로 인식한다면 이 생각의 회전목마에서 내릴 수 있다.

불행은 머릿속에서 생겨난다, 그리고 거기서 끝난다

세 골칫덩이가 공을 주고받으며 서로 도울 때마다 (그 주제가 무엇이든 상관없이) 당신은 불행해진다. 나쁜 기분을 넘어 의기소침해지거나 불안을 느끼고 심지어 자기 혐오까지 이르기도 한다. 이 골칫덩이들이 거듭 등장하고 점점 더 강해지면 우리의 영혼에 어마어마한 해를 끼친다. 이들의 지속적인 공격을 받으면 불안 장애와 공황 그리고 우울감이 생겨나며 심한 경우 자살에 이를 수도 있다.

만약 당신도 골칫덩이들이 만들어내는 생각의 악순환에 종종 빠진다면 여기 해결 방법이 있다. 이 악순환을 멈추면 된다. 먼저 세 골칫덩이가 당신에게 무엇을 속삭이는지 주목한다. 그러고 나서 나를 힘들게 하는 이런 고통스런 생각들을 하고 싶지 않다고 의식적으로 결정을 내리는 것이다. 당신은 이 결정을 바탕으로 마음의 방향키를 쥐고 생각을 다른 방향으로 조종하게 된다. 머릿속에 있는 이 지옥의 삼인조와 거리를 두는 법을 알아보기 전에, 이 삼인조가 어떤 존재이고 무슨 일을 하는지를 먼저 살펴보자.

여기서 이야기하는 내용은 당신의 '자력 구제'를 도울 것이다. 당신은 이를 가지고 스스로를 '치유'할 수 있다. 하지만 만약 지금 골칫덩이들이 지나칠 정도로 많은 말을 하며 당신을 극도로 괴롭힌다면 바깥에서 도움을 받아야 한다. 혼자서 해결하려고 애쓰지 말자. 심리 치료 전문가를 찾아가 도움을 구하자.

당신의 의식이라는 가장 중요한 도구

당신이 내면의 비평가, 감독관, 걱정 생산자를 찾아낼 수 있도록 이들의 지명 수배 전단을 만들었다. 여기서 당신은 이들의 재능과 능력의 범위를 보게 될 것이다. 이 지명 수배는 당신이 삼인조를 현행범으로 체포하는 데 도움을 줄 것이다.

소개하는 내용이 당신 내면의 삼인조가 지닌 특징과는 조금

다를 수 있다. 각각의 비평가, 감독관, 걱정 생산자는 자신만의 특색과 고유의 표현 방식이 있다. 그럼에도 이 지명 수배를 읽다 보면, 이들 셋이 당신의 머릿속에서 벌이는 일에 대해 조금은 감을 잡게 될 것이다. 그러고 나면 당신의 머릿속에서 다시금 이들을 알아보게 될지 모른다.

내면의 비평가, 감독관, 걱정 생산자가 우리에게 하는 말

지명 수배 전단을 보여주기 전에 중요한 소식 하나를 전하고 싶다. 이들 세 골칫덩이는 당신 인격의 '악한' 부분이 아니다. 다소 역설적으로 들릴지 모르겠지만, 근본적으로 이들은 당신에게 선의를 품고 있다. 당신에게 엄청난 해를 끼치기도 하지만, 이들은 당신의 삶이 더 나아지게 하려 애쓴다. 이들은 그저 과소평가, 압박, 노심초사 같은, 자기가 배운 부정적인 방법을 쓸 뿐이다.

또 하나 좋은 소식이 있다. 이들이 항상 '방송 중'은 아니라는 것이다. 하루 중에 세 골칫덩이가 말을 쏟아내지 않는 시간이 오면 당신은 자신이 삶을 잘 꾸려 가고 있음을 분명히 깨닫게 된다. 다르게 표현하면 일상을 잘 꾸려 가는 데 세 골칫덩이의 조언이나 잔소리가 반드시 필요한 것은 아니라는 말이다.

지명 수배: 내면의 비평가

내면의 비평가는 누구인가

- 내면의 비평가는 당신의 머릿속에 있는 하나의 목소리이다.

- 그는 당신에 대해 불평불만을 말하고, 당신을 과소평가하며, 당신의 행동을 비롯해 감정과 결정 그리고 가끔은 생활 방식 전체를 비난한다.

- 그는 다른 사람들과 비교하면서 당신이 제 기량을 발휘하지 못하도록 만든다. 인터넷 또는 텔레비전에 나오는, 반짝반짝 빛나도록 잘 다듬어진 시대의 아이콘과 당신을 비교할 때 특히 더 가혹해진다.

- 그는 당신의 능력과 역량을 의심한다. 당신이 타인과의 관계를, 그리고 자신의 인생을 잘 꾸려 나갈 거라 믿지 않는다.

- 내면의 비평가는 당신의 모든 실수와 잘못, 고통과 수치를 수집한다. 다른 긍정적인 면과 장점에는 관심이 없으며 마치 언급할 가치도 없는 것처럼 취급한다.

- 당신의 모든 잘못과 실수는 비평가의 기억에 저장되고 보관된다. 그는 언젠가 과거에 당신이 했던 잘못을 떠올려내는 장기 기억력을 가지고 있다.

- 당신이 새로운 무언가를 시작하려고 하면 내면의 비평가는 '잘못 보관소'를 털어 과거의 실수를 보여주기도 한다. 그러면서 그는 당신이 과거에 무언가를 해내지 못했기 때문에 미래에

도 해내지 못할 거라고 증명해 보이려 한다. 동시에 당신의 동기를 막고 헌신을 방해한다. 그는 당신이 정체되어 있게, 앞으로 나아가지 못하게 만든다.

- 비평가의 공격으로 인해 당신은 자신감을 잃고, 자신에게 무슨 잘못이나 문제가 있다고 느끼게 된다. 비평가 때문에 당신은 자신이 부족하다고 생각한다.

- 비평가의 강력하고 지속적인 공격은 자기 혐오와 우울증, 불안 장애를 일으킬 수 있다.

내면의 비평가가 바깥으로 향할 때

- 내면의 비평가는 당신의 세계에 속한 모든 것을 부정적인 안경을 통해 보며, 이에 대해 크게 비난한다. 그가 줄곧 외우는 주문은 이런 식이다. "모든 게 엉망이야, 그리고 계속 더 나빠질 거야."

- 당신 머릿속에 있는 이 비판적인 부분은 다른 사람들 또한 과소평가하고 비난한다. 이따금 그는 다른 이들의 잘못과 실수를 적극적으로 찾아내기도 한다. 그러면서 그는 특히 당신의 친밀한 관계를 방해한다.

- 내면의 비평가는 당신이 세상을 인지하는 방식을 교묘히 조작한다. 그는 바깥 세계의 온갖 잘못과 실수 그리고 나쁜 것들을 그러모아 '부정의 전시회'를 연다. 다른 사람들이 얼마나 타락

하고 부패했는지, 그리고 사회
가 얼마나 망가졌는지 당신에게
증명하려 한다.

● 내면의 비평가가 더 많은 영향력을 지닐수록 바깥 세계에 대한 당신의 영향력은 더욱더 줄어든다.

• 그는 마치 예지력을 지닌 것처
럼 행동하며 당신의 주변 사람들이 무슨 생각을 하는지 다 아는
것처럼 말한다. 그는 다른 사람들이 당신을 존중하지 않는다고,
혹은 좋아하지 않는다고 생각한다.

• 그는 당신이 타인의 행동을 개인적으로 받아들이고 이에 영향
을 받도록 만든다.

• 내면의 비평가는 무언가 성에 차지 않으면 통제할 수 없을 정
도로 격분하기도 한다. 이때 당신이 느끼는 감정은 불쾌한 기분
을 넘어 분노와 증오에까지 이른다. 증오에 휩싸인 내면의 비평
가는 폭력적으로 변할 수 있다.

• 내면의 비평가는 자신이 늘 옳기를 원한다. 그가 부정적인 것
을 모으는 이유는 그걸로 자신의 옳음을 증명할 수 있다고 생각
하기 때문이다.

내면의 비평가 더 잘 알아보기

내면의 비평가를 찾다보면 가끔은 그가 거기 없음을 알게 되기
도 한다. 그가 다른 곳으로 이사를 가거나 은퇴를 하고 연금 생
활자가 된 것은 아니다. 그는 지금 일을 하지 않을 뿐이다. 그는

대체로 당신이 그를 기다리지 않을 때 등장한다. 당신이 머릿속의 골칫덩이들을 의식적으로 살피는 순간, 그러니까 내면에 아무런 일도 벌어지지 않는 이른바 평화로운 시기에 이들을 몰아낼 수 있다. 아주 잠깐 동안이지만 말이다. 삶이 어수선해지면 이들은 곧바로 나타나 다시 시끄럽게 떠들기 시작한다. 만약 내면의 비평가가 지금 잠시 쉬고 있어서 그가 누군지 지금 당장 파악하기가 어렵다면 다음 질문을 읽어보고 이어지는 며칠 동안 머릿속에서 무슨 일이 벌어지는지 주의 깊게 관찰해보자. 그리고 내면의 비평가가 생존 신고를 하며 다시 활동을 펼친다면, 그에게 반갑게 인사를 하고 나서 다음 질문에 답을 해보자.

• 당신 머릿속에 있는 내면의 비평가를 벌써 알아차렸는가?
• 당신이 무언가를 망쳤을 때, 잘못이나 실수를 저질렀을 때, 혹은 웃음거리가 되었을 때 내면의 비평가는 무슨 말을 하는가?
• 당신의 겉모습에 대해 내면의 비평가는 무어라 말하는가? 직업적 성장에 대해서는? 여가 활동에 대해서는 무슨 말을 하는가?
• 내면의 비평가가 반복해서 재생하는 곡이 따로 있는가? 이를테면 '비난 히트곡 모음집'을 가지고 있는가?
• 하루 중 그가 가장 자주 등장하는 시간대는 언제인가? 아침에 일어나 거울을 처음 볼 때? 직장에서 일을 하는 낮 동안? 지치고

피곤한 저녁에? 아니면 잠들기 직전에 주로 나타나는가?

- 당신이 주변의 가까운 사람들에게 거절의 말을 하려 할 때 내면의 비평가는 무슨 말을 하는가?

명심하자. 이 내면의 비평가는 당신의 '진짜 자아'가 아니다. 그는 머릿속에 있는 하나의 목소리일 뿐이다. 또한 이 비판적인 목소리가 당신 위에 군림하도록 내버려 두어서는 안 된다. 그가 아무리 떠들어도 당신이 그의 말을 믿지 않으면 내면의 비평가는 당신을 장악할 힘을 얻지 못한다. 당신은 이 목소리와 거리를 두고 경계를 지을 수 있다.

지명 수배: 내면의 감독관
내면의 감독관은 누구인가

- 감독관은 이름에 어울리는 일을 한다. 즉, 그는 당신을 '닦달한다.' 그는 마치 말을 달리기 위해 채찍을 휘두르는 것처럼 군다.
- 감독관은 당신이 아직 처리하지 않은 일이 정리된 기나긴 '할일 목록'을 보여줄지 모른다. 당신이 그 가운데 하나를 마치고 '완료' 표시를 하면 그는 서너 가지 새로운 과업을 덧붙여 적는다. 감독관의 할 일 목록은 결코 끝이 없다.
- 상당수의 감독관은 완벽주의자이다. 완벽주의 성향의 감독관은 매우 높은 기준을 세우며 당신에게 흠 없이 완벽한 결과물을

요구한다.

- 그는 당신에게 지시를 내린다. 당신이 무엇을 해야 하는지, 어떻게 해야 하는지, 무엇을 해서는 안 되는지 등을 줄줄이 말한다.

- 감독관은 당신에게 부탁하지 않는다. 그는 압박을 가한다. 그는 자신의 지시를 따르기를 강요한다.

- 다수의 감독관은 짧은 명령을 내뱉는 경향이 있다. 말하자면 이런 식으로. "나는 더 노력해야 해!" "서둘러!" "더 빨리!" "실수하지 마!" "울지 좀 마!"

- 감독관의 지시는 당신이 살고 있는 주변 환경을 향한다. 예컨대 당신이 관계 중심의 환경에 있다면 아마 당신은 공감적이고 진실한 사람이 되어야 한다는 내면의 지시를 들을 것이다. 만약 성과 중심의 환경 속에 있다면 내면의 감독관은 당신에게 생산적인 인간이 되기를 요구할 것이다. 당신은 주어진 과업을 목표 지향적으로 해내야 하며, 그러면서 시간 관리도 효율적으로 해야 한다. 당신은 팀워크를 추구하면서 동시에 리더십 능력도 지녀야 한다.

- 감독관은 모든 가치와 기준을 동원하여 지시를 내리면서 당신을 압박한다.

- 감독관의 지시 사항을 지키지 않으면, 비평가가 뛰어나와 이에 대해 비난을 한다.

- 감독관은 평온한 순간에도 당신이 해야 할 일들을 상기시키곤

한다. 활발하고 열성적인 감독관은 지속적으로 당신에게 과중한 부담을 지워 당신을 지치게 만들 수 있다. 심할 때는 심리적 번아웃, 혹은 신체적 탈진에 이르게 할 수 있다.

• 한 가지 확실히 하자면, 감독관의 요구를 처리하는 것은 그가 아닌 바로 당신이다. 세 골칫덩이 중에 그 누구도 당신의 인생과 관련된 무언가를 실제로 해결하지 않는다. 이들은 그저 당신 머릿속의 생각을 이룰 뿐이다.

내면의 감독관이 바깥으로 향할 때

• 감독관은 당신 주변의 사람들에게도 그들이 '어떠해야 하는지' 지시를 내린다. 그는 주변 사람들이 어떻게 행동해야 하는지 그리고 무엇을 해서는 안 되는지를 단순히 바라는 데서 그치지 않으며, 당신이 상대에게 이를 직접 요구하게 만든다.

• 내면의 감독관은 현실 세계의 제도와 관습을 자신의 요구에 따라 바라보고 해석하려 할 수 있다. 예를 들어 그는 공중 보건이 어떠해야 하는지, 정치가 무엇을 해야 하는지, 당신의 고용주와 경제 관료들이 무엇을 어떻게 해야 하는지 두루 알고 있다(고 스스로 생각한다).

• 그리고 당신의 바깥 세계나 주변 사람들이 감독관의 요구를 듣지 않으면, 당신 안에 있던 내

●
당신이 감독관의 지시와 명령을 더 귀담아듣지 않으면 그는 당신을 더 압박하지 않는다.

면의 비평가가 나타나 이에 흥분하며 비난을 쏟아낸다.

내면의 감독관 더 잘 알아보기

감독관 또한 당신이 적극적으로 찾으려 하면 숨어버릴 수 있다. 며칠 시간을 두고 당신이 자기 자신에게 무슨 말을 하는지 관찰하자. 주의가 산만해지거나 압박감을 느낄 때 머릿속에 어떤 생각들이 돌아다니는지 의식적으로 살펴보자.

• 내면의 감독관이 작성한 '할 일 목록'에 오랫동안 올라와 있는 것은 무엇인가?
• 감독관은 당신이 무엇을 처리하거나 해결해야 한다고 생각하는가?
• 감독관은 당신이 어떤 일을 더 열심히 해야 한다고 보는가?
• 감독관은 당신이 어떤 사람이어야 한다고 말하는가?
• 당신의 겉모습은 어떠해야 하는가?
• 감독관이 절대로 허용하지 않는 것은 무엇인가? 무슨 일이 있어도 당신이 해서는, 혹은 되어서는 안 되는 것은 무엇인가?
• 내면의 감독관은 당신에게 얼마나 많은 완벽주의적 이상을 품고 있는가?
• 그가 당신이 실현해야만 하는 멋진 표상의 초안을 이미 그려놓았는가?

- 그는 당신의 어떤 말에 격분하는가?
- 하루 중에 감독관이 가장 자주 나타나는 시간대는 언제인가? 당신이 눈을 뜬 아침에? 샤워를 할 때? 또는 샤워를 마치고 첫 커피를 마실 때? 일터로 향하는 길에? 아니면 일을 마치고 돌아온 저녁에 나타나 당신이 해내지 못한 것들을 하나하나 지적하는가?
- 감독관이 다른 사람들에게 요구하는 것은 무엇인가? 특히 당신이 사랑하는 이들에게 그는 무엇을 요구하는가?
- 당신의 배우자나 연인이 무엇을 해내거나 혹은 당신에게 허락해야 감독관이 닦달을 멈추고 만족하는가?
- 내면의 감독관은 당신의 부모에게 무엇을 요구하는가?
- 혹은 당신이 아이가 있다면 아이에게는 무엇을 요구하는가?

내면의 감독관이 쓰는 교묘한 수법이 이렇다. 이제 당신은 감독관이 머릿속에 있는 하나의 목소리일 뿐이라는 사실을 확실히 알게 되었다. 그는 당신이 아니다. 당신은 내면의 모든 것을 듣는, 그 목소리들을 통제할 수 있는, 이른바 '본부'이다.

지명 수배: 내면의 걱정 생산자

내면의 걱정 생산자는 누구인가

- 걱정 생산자는 '불행 예언자'이다. 그는 작은 혼란과 방해를 커

다란 재앙처럼 과장한다.

• 그는 삶에 대한 믿음이 없다. 그는 불행과 재앙이 도처에 도사린다고 본다. 그리고 모든 것이 위험하다고 말할 준비가 되어 있다.

• 걱정 생산자는 평화로운 때에도 등장한다. 당신이 긴장을 완전히 풀고 있을 때, 혹은 즐거움을 느끼고 있을 때, 그는 머지않아 모두 나빠질 거라는 생각으로 당신을 불안하게 만든다. 그러면서 자신의 부정적인 비전을 퍼트린다. 당신은 곧 늙을 거라고, 돈을 너무 헤프게 쓰고 있다고, 물가는 계속 오를 거라고, 요즘 심장 박동이 가끔씩 빨라지고 있으니 분명 심근경색으로 이어질 거라고 말이다.

• 걱정 생산자가 외우는 주문은 이렇다. "이건 결코 좋은 신호가 아니야! 일이 나쁘게 흘러갈지 몰라!"

• 내면의 걱정 생산자는 매체에서 전하는 위기 및 재난 보도를 적극적으로 받아들이며, 머지않아 당신도 이런 재난을 겪을 거라고 말한다.

• 걱정 생산자는 심각한 건강 염려증 환자가 되기도 한다. 당신의 몸에 일어난 낯선 현상을 곧바로 질병으로 분류해버린다. 그리고 이를 증명하기 위해 인터넷에 떠돌아다니는 무서운 진단을 가지고 온다.

• 내면의 감독관이 요구하는 것을 해내지 않으면 걱정 생산자가

나타나 부정적인 미래를 보여준다. 그는 감독관의 요구를 듣지 않은 당신이 앞으로 어떤 곤경에 빠질지를 펼쳐 보인다. 그러면서 당신이 지금껏 이룬 모든 것이 금방 수포로 돌아갈지 모른다고 말한다.

• 내면의 걱정 생산자는 당신이 (내면의 비평가가 비교 대상으로 삼는) 다른 모든 사람들에 비해 너무 자신감이 없다고, 활동적이지 않다고, 혹은 너무 평범하다고 자책하게 만든다.

• 내면의 비평가가 가한 공격으로 의기소침한 기분에 빠지고 자기 가치감이 바닥으로 떨어지면, 걱정 생산자는 여기에 두려움을 덧붙인다. 미래에 당신이 홀로 소외되어 빈곤하고 비참하게 살아갈 거라고 불안감을 자극한다.

내면의 걱정 생산자가 바깥으로 향할 때

• 걱정 생산자는 매체가 전하는 온갖 불안한 소식을 흡수한다. 그는 텔레비전과 일간지 그리고 인터넷을 통해 현재의 불행이 어떤 모습인지, 어디에서 비롯됐고 어떤 결말로 향할지 배운다.

• 몇몇 걱정 생산자는 이로부터 묵시록적 예언을 만들어낸다. 그러면서 이 지구가, 문명이, 인류가 조만간 멸망할 거라 확신한다.

• 당신 인격의 일부를 이루는 이 걱정 생산자는 당신이 아끼는 주변 사람들이 당신의 감독관이 요구하는 지시를 듣지 않는다

는 이유로 걱정을 하기도 한다. 예컨대 아이가 당신 내면의 감독관이 세운 기준과 달리 학교에서 그리 좋은 성과를 내지 못하면, 걱정 생산자가 나타나 아

이의 미래가 어둡다고 말한다. 그는 아이가 좋은 성적으로 졸업하지 못하고, 제대로 된 직업을 얻지 못하며, 결국 경제적으로 절대 독립하지 못하는 암울한 미래상을 그린다.

• 다른 예를 하나 들자면, 연인이나 배우자가 내면의 감독관이 요구하는 만큼 운동을 열심히 하지 않을 때, 여기서 당신의 걱정 생산자는 배우자나 연인이 비만을 넘어 병에 걸리고 마는 어두운 공상을 펼친다.

• 당신이 사랑하는 사람들은 내면의 걱정 생산자가 뛰어 놀 넓은 들판이다. 거기서 그는 제멋대로 사람들에 대한 걱정스런 비전을 그린다.

내면의 걱정 생산자 더 잘 알아보기

당신의 걱정 생산자는 지금 이 순간은 활동을 멈췄을지 모른다. 하지만 알다시피 그는 결코 오랫동안 은둔하지 못한다. 당신의 머릿속에서 그가 무슨 말을 하는지 한동안 주의를 기울여 들어보자.

- 걱정 생산자는 당신에 대해 무엇을 가장 많이 걱정하는가?
- 건강에 대한 걱정인가? 연인이나 배우자에 관한 걱정인가? 아니면 혼자 사는 당신에 대한 걱정인가?
- 당신의 (현재 그리고 미래의) 경제적 상황에 대해 그는 무슨 생각을 하는가?
- 당신이 나이 들어 간다는 사실에 대해 어떻게 생각하는가?
- 미래에 당신에게 닥칠 어떤 일을 두려워하는가?
- 당신이 사랑하는 주변 사람들에 대해 걱정 생산자는 무엇을 제일 많이 걱정하는가?
- 사랑하는 이들에게 장차 벌어질 어떤 일을 두려워하는가?
- 세상사에 대해 당신의 걱정 생산자는 무슨 생각을 하는가?

미래에 바라는 것을 구체적으로 생각하면 당신은 그것을 더욱 잘 계획하고 대비할 수 있다. 그렇다고 해도 당신에겐 걱정 생산자의 '되새김질'이 필요하지 않다. 걱정 생산자는 당신 자신이 아니다. 그는 당신의 인격을 이루는 한 부분에 불과하다. 당신은 그가 되풀이해 내놓는 부정적인 생각에서 거리를 둘 수 있다. 당신이 더는 걱정을 하지 않는다면 어떨지 한번 상상해보자. 어떤 느낌이 들 것 같은가?

마이너스의 생각만 자아내는 불안

내면의 비평가와 감독관, 걱정 생산자가 우리 머릿속에서 말하는 모든 것을 믿는 한, 우리는 자기 자신과 주변 사람들에 대한 어두운 관점에 사로잡힐 수밖에 없다. 그러면서 우리는 지속적인 결핍을 경험하게 된다. 비평가는 우리가 성취한 모든 것을 깎아내릴 수 있다. 감독관은 우리가 최선을 다하기를, 그리고 계속 더 나아지기를 요구한다. 걱정 생산자는 우리에게 닥칠 불행을 보여준다. 그 불행이 현실적인 것이든 아니든 상관없이 말이다. 내면의 골칫덩이들을 그대로 믿으면 우리는 마이너스의 삶을 살게 된다. 지극히 적은 즐거움을 누리고, 우리 자신과 다른 사람들의 가치를 극히 낮게 평가하게 된다. 우리 안에 평온은 사라지고, 부담을 떨쳐낸 '존재의 가뿐함'도 먼 이야기가 된다.

이들 세 골칫덩이는 왜 그토록 부정적인 것일까? 이들은 불안에서 생겨난 결과물이다. 불안은 당신의 생각을 파고든다. 이 불안이라는 바탕 위에서 확신 없음, 자기 부정, 분노, 시기, 질투, 체념, 냉소 그리고 적의와 증오 같은 감정이 발생한다.

골칫덩이들의 끊임없는 수다에 길들여진 사람들은 완전히 다른 현실을 경험한다. 부정적인 것이 유일한 현실로 보인다. 그러면 모든 긍정적인 것은 그저 우연이거나 아니면 눈속임일 뿐이다. 일에서 성과를 내도, 좋은 성적을 받아도 결과를 믿지 못한다. 때론 나조차 믿지 못하고 '가면 증후군'에 시달리기도 한다. 이런 부정적인 관점은 우리에게 무거운 부담을 지운다. 불

안이라는 생각의 바탕은 우리의 '진짜 집'이 아니기에, 우리는 언제나 삶에 불편함을 느끼게 된다.

불안이 아닌 사랑으로 된 생각의 바탕이 우리가 머물 진짜 집이다. 사랑을 경험하면 우리는 자신을 둘러싼 모든 것에 대해 인정하는 마음과 호의, 이해와 신뢰 그리고 존중을 느끼게 된다. 이는 우리에게 조화로운 느낌을 준다. 좋은 소식을 하나 전하자면, 이 사랑의 바탕은 이미 모든 사람들이 가지고 있다. 우리의 진정한 자아는 바로 이 바탕 위에 서 있다. **사랑의 바탕**이라는 말이 어쩌면 시시하고 유치한 소리로, 혹은 감상적으로 들릴지 모른다. 그러나 우리가 이 바탕 위에 단단히 디디고 서 있으면, 내면의 골칫덩이들에게 지배당하지 않고 아무 문제 없이 자신의 진정한 자아에 따라 생각하고 행동할 수 있다.

'진정한 자아'는 사랑에 바탕을 둔다

당신은 자신의 진정한 자아를 이미 잘 알고 있다. 그는 언제나 당신의 편에 서 있으며 당신을 위해 늘 거기에 있다. 그런데 자아는 사랑의 바탕 위에 있는 까닭에 굳이 전면에 나서지 않는다.

그는 아무것도 요구하지 않고 강요하지 않는다.

진정한 자아와 긴밀하게 연결되면 삶이 가뿐해진다. 많은 일이 순조롭게 흘러간다. 무언가 잘못되어도 이를 비교적 쉽게 해결한다. 자신의 잘못을 제대로 바로잡고, 곤란한 상황도 가볍게 넘긴다. 잘못이나 실수는 당신을 절대 안정된 궤도 밖으로 밀어내지 않는다. 이 순간 당신은 머릿속 생각들이 자신을 어떻게 지탱해주는지 경험하게 된다. 당신은 편안함을 피부로 느낀다.

진정한 자아는 주체적이며, 결코 소란스럽지 않다. 그런 까닭에 당신은 종종 그를 잊는다. 좋은 순간은 빠르게 잊어버리지만, 스트레스로 가득한 위기의 날들은 기억 속에 오래 달라붙어 있다. 그 이유 중 하나로 내면의 비평가가 있다. 그는 늘 부정적인 것만 열심히 모아 기억 속에 저장하기 때문이다. 하지만 당신은 이를 바꿀 수 있다. 자기 고유의 영역에 머물면서 존재의 가뿐함을 만들어낼 수 있다. **의도적으로** 이 능력을 키울 수 있다. 이 작업은 당신 머릿속에 있는 골칫덩이들로부터 경계를 짓는 것과 함께 시작된다. 그리고 경계선 긋기를 할 때마다 당신은 불안의 바탕에서 벗어나게 된다.

생각이 자기 가치감을 무너트릴 때

내면의 비평가가 당신과 당신의 삶을 비판할 때마다 당신은 점점 자신이 부족하다고 느끼기 시작한다. 아주 잠깐이라고 해도 내가 너무 어리석다는, 혹은 너무 게으르다는, 어쩌면 아예 바보라는 생각이 들지 모른다. 하지만 이렇게 섬광 같은 생각도 나자신을 무너트리는 벽돌이 된다. 그리고 내면의 비평가는 이런 생각을 하나둘 모은다. 시간이 지나면 그는 그간 모은 벽돌을 조립하여 당신에 대한 부정적인 동상, 즉 부정적인 '자기상'을 하나 세운다. 내면의 비평가의 눈을 통해 자신을 바라보면, 당신은 거기서 '나쁜' 모습으로 우뚝 서 있을 것이다. 한 가지 덧붙이자면 이 생각들은 당신이 믿을 때에만 효과를 낸다.

당신의 깊은 내면이 혹은 외면이 무언가 잘못되었다는 생각이 들 때마다 당신은 이 부정적인 자기상에 지배를 당하는 것이다. 그리고 매번 드는 이 생각은 거짓이다.

이 부정적 자기상을 깨트릴 수 있는 유일한 힘은 당신에게 있다. 내면의 비평가와 감독관, 그리고 걱정 생산자로부터 거리를 두고 경계선을 그으면 된다. 내가 그리 괜찮은 사람이 아니라고 생각되더라도 자기 자신을 다정하게 대하자. 완벽하지 않아도 모든 것은 아무런 문제가 없다. 당신은 지금 충분히 잘하고 있다.

중독은 회피다

비평가와 감독관과 걱정 생산자가 우리 안에서 활개를 치는 한 우리는 내내 부정적인 느낌에 갇혀 살게 된다. 그리고 우리는 이로 인한 불안을 가라앉히기 위해 안정과 위안을 주는 것을 찾는다. 보통은 예전에 자신을 기분 좋게 만들었던 것, 예를 들어 달콤한 군것질, 기름진 음식, 알코올, 텔레비전 시청과 인터넷 서핑, 게임과 쇼핑 같은 것들에 기댄다. 그러나 이런 것들로 불쾌함을 메우면 내면의 비평가에게서 새롭게 공격받을 수 있다. 내면의 비평가에게 이런 행동은 부정적 자기상을 쌓는 또 하나의 벽돌이 된다. 불쾌감은 반복되고 우리는 악순환에 빠진다.

　의존과 중독에서 벗어나길 원한다면 나를 짓누르는 감정이 어디서 시작되는지부터 살펴야 한다. 다시 말해 머릿속에서 무슨 일이 벌어지는지 주의 깊게 들여다보는 것이다. 당류나 알코올 의존 또는 인터넷 게임 중독 뒤에는 부정적인 생각에서 비롯된 불쾌한 감정이 숨어 있다. 생각에 변화를 주자. 이것이 중독을 끊는 첫걸음이다. 그리고 이 지점에서 한 가지를 분명히 하자면 당신은 자기 생각의 피해자가 아니다. 당신은 속수무책으로 부정적인 생각에 휘둘리는 것이 아니다. 당신은 머릿속 생각에 권한이 있다. 당신은 얼마든지 의식적으로 다른 유쾌한 생각을 만들어낼 수 있으며, 이를 통해 더 좋은 감정을 느낄 수 있다. 그러면 나쁜 감정을 무언가로 대체하려는 근본적인 이유가 사라진다. 이런 식으로 당신은 오래된 중독과 의존을 끝낼 수 있다.

내면의 골칫덩이들은 어떻게 우리를 바보로 만드는가

당신 자신을 공격하든 아니면 다른 사람들을 비난하든 상관없이 골칫덩이들의 공격은 스트레스를 일으킨다. 이들의 공격이 일어날 때마다 매번 당신은 분별력을 잃고 바보가 된다.

사람들이 크게 흥분하여 욕설을 내뱉으며 나중에 후회할 말을 종종 하는 이유가 여기에 있다. 이들의 내면에 있는 성난 비평가가 이리저리 날뛰며 머릿속을 장악했기 때문이다. 비평가가 공격을 시작하면 사람들은 평상시 자신이 지녔던 지적인 대화의 기술을 모두 잊고 만다. 이를테면 경청, 이해, 제안, 협상 같은 기술은 다 사라져버린다. 객관성을 잃은 주장과 끊임없는 다툼만 남는다.

바깥 세계와 의사소통을 하기 전에, 당신 내면세계의 발언권과 주도권을 누가 쥐고 있는지 점검해보자. 이 골칫덩이들이 발언권과 결정권을 쥐는 한, 당신의 냉철함과 명석함이 빛날 자리는 없다. 하지만 당신은 이를 바꿀 수 있다. 당신의 인격을 이루는 일부인 이 골칫덩이들의 존재와 특성을 확실히 알고 있으니 말이다. 이들에게서 더 거리를 둘수록 당신은 스트레스를 더 적게 받는다. 다른 사람들과 이야기할 때 더 적절한 말이 머릿속에 떠오를 것이고 대화의 주도권을 놓지 않을 것이다.

그런데 대체 우리는 왜, 내면의 비평가와 감독관, 그리고 걱정 생산자라는 골칫덩이를 품고 사는 걸까?

내면의 수다쟁이들은 '진짜 나'가 아니다

앞서 이야기했듯이 내면의 비평가, 감독관, 걱정 생산자는 인격을 이루는 **일부**이다. 세 골칫덩이는 일찍이 우리의 어린 시절에 생겨났다. 여기서 중요한 것은 이들의 출현에 대해 자기에게 책임과 잘못이 없음을 아는 일이다. 당신에겐 아무런 잘못이 없다.

어렸을 때 우리는 자신을 둘러싼 주변 세계를 마치 스펀지처럼 빨아들여 내 것으로 만들며 환경에 적응했다. 이는 생존을 위한 현명한 전략이었다. 우리는 식탁에 바르게 앉아 수저로 음식을 먹는 법을 배웠다. 외투를 혼자 입는 법과 이를 닦는 법을 배웠다. 강아지의 코를 꼬집어서는 안 된다는 것을 깨달았다. 어른들, 그중에서도 특히 부모(양육자)는 우리에게 중요하고 유익한 것들을 가르쳐주었다. 어른들은 우리에게 세상을 보여주었고 이에 대해 설명해주었다.

그 무렵 우리의 자아감도 생겨났다. 즉, 우리의 '자아상'이 생겨난 것이다. 어린 시절 충분한 돌봄과 사랑을 받았다면 나 자신에게 아무런 문제가 없고 모든 것이 순조롭게 흘러간다는 느낌을 받았을 것이다. 이런 긍정적인 애정은 우리의 자아 가치감을 강하게 만든다.

불안의 뿌리는 어린 시절에 있다

그러나 부모도 가끔은 신경이 곤두서거나 스트레스 또는 압박을 느꼈을 것이다. 그러면 분위기는 거칠어진다. 어쩌면 그때 우리는 꾸지람을 듣고 벌을 받으며 홀로 남겨졌을지 모른다. 종종 어른들은 자기 내면의 비평가가 한 말을 우리에게 그대로 퍼부었을 것이다. 대부분은 무의식적으로, 해를 가할 의도 없이, 반사적으로 그렇게 했을 것이다. 어린 시절 우리는 부모에게서 아주 격한 어조로 다음과 같은 말을 들었을지 모른다.

"조용히 해! 방해만 되잖아."

"네 방으로 들어가. 기분이 나아지면 그때 다시 나와."

"바보처럼 이게 뭐야? 너 때문에 다 엉망이 됐잖니."

"너랑 있으면 성가신 일만 생겨."

"노력하지 않으면, 너 그거 절대 못 해."

"너 때문에 얼굴을 못 들겠어. 매번 사람을 웃음거리로 만드는구나."

"벌써 세 번이나 말했잖아. 그거 하나 못 알아듣니? 바보같이."

이런 식으로 다루어졌다면 우리는 분명 내적으로 고통을 느꼈을 것이다. 그리고 이로부터 하나의 결론에 이르렀을 것이다. 무언가 잘못되었다는, 자신에게 문제가 있다는 생각이다. 자신이 사랑스럽지 않고 못된 아이인 것 같다고 생각했을 것이다. 그렇지 않으면 어른들이 우리에게 그런 행동을 하지 않았을 테니 말이다. 여기에서 우리 내면에 '비평가'가 생겨났다.

내면의 감독관은 어린 시절 우리가 경험한 압박과 지시에서 만들어진다. 그리고 걱정 생산자는 타고난 불안에서, 또는 어른들이 심어준 불안으로 인해 생겨난다. 어린아이였을 때 무시와 폭력을 경험하며 불안과 걱정에 시달렸던 사람들은 무정하고 가혹한 내면의 비평가, 감독관, 걱정 생산자에게 더 자주 시달린다.

당신 안에 '나쁜' 부분은 없다

비평가, 감독관, 걱정 생산자는 우리가 과거에 부당하게 대해졌던 경험이 학습되고 내면화된 것이다. 이를 더 자세히 설명하기 위해 나는 부모(양육자)의 모습을 예로 든다. 이를테면 아이를 보호하기 위해 애쓰는 어머니의 모습을 생각해보자.

어린 자녀와 함께 매우 위험한 차도 옆 인도를 걷는 어머니는 매 순간 노심초사한다. 아이가 종종거리며 걷는 비둘기 뒤를 따라가면, 어머니는 아이가 차도 쪽으로 가지는 않을까 내내 주의한다. 그러다 아이가 차도에 발을 들이기 직전, 아이를 얼른 붙잡아 경계석에서 멀리 떨어트려놓는다. 그리고 아이의 어깨를 잡고 소리를 친다. "차도로 들어가면 어떡해! 거기로 가면 사고

나! 엄마 옆에 꼭 붙어 있으라고, 막 뛰어다니면 안 된다고 몇 번을 말해!"

이런 경험은 아이의 내면에 비평가, 감독관, 걱정 생산자가 탄생하는 순간이다. 어머니는 왜 그리 격렬하게 반응한 것일까?

머릿속 세 골칫덩이는 당신을 그저 보호하길 원한다. 이들은 비난과 압박과 걱정을 통해 당신을 보호한다. 왜냐하면 이들은 불안이라는 바탕에서 생겨났기 때문이다.

어머니는 자기 아이가 잘못될까 봐 불안한 마음에 공격적이 되었다. 아이는 자동차에 치이지도 다치지도 않았다. 대신 어머니가 아이를 다치게 했다.

내면의 비평가와 감독관 그리고 걱정 생산자, 즉 우리 인격의 일부인 이들 셋은 불안이라는 바탕 위에 있다. 이 셋이 원하는 것은 단 하나이다. 이는 어머니가 자기 아이에게 원하는 것과 같다. 이들은 당신이 안전하기를 원한다.

내면의 비평가, 감독관, 걱정 생산자는 당신 인격의 나쁜 부분이 아니다. 이들은 당신에게 좋지 않은 일이 벌어지지 않도록 막으려는 보호자이다. 이들은 자기가 어른들에게 배운 대로 과소평가, 비난, 억압적인 지시, 그리고 걱정의 되새김질 같은 방식으로 당신을 보호한다. 이들은 당신에게 나쁜 일이 절대 벌어지지 않기를 바란다. 하지만 현실은 이들 자체가 당신을 해친다.

내면의 과보호자들에게서 거리를 두자

내면의 비평가, 감독관, 걱정 생산자가 머릿속에서 무슨 일을 벌이는지 확실히 이해했다면 이제 이들로부터 벗어나는 일종의 '중독 치료'를 시작할 수 있다. 내면에 있는 이들 세 목소리를 당신의 진정한 자아로부터 떼어놓는 것이다.

지금까지 세 골칫덩이는 당신의 자아로 여겨졌다. 다시 말해 여태까지 당신은 내면의 비평가, 감독관, 걱정 생산자가 당신에게 말한 것과 하나가 되어 있었다. 당신은 이들의 생각을 자기 자신과 동일시하며 살았다.

내면의 비평가가 당신에게 "나는 너무 바보 같아!"라는 생각을 보내면 아마도 당신은 이 생각을 의심 없이 믿었을 것이다. 자기 내면에서 흘러나오는 잡다한 소리가 당신의 진정한, 고유한 자아의 말이라고 생각하며 살았기 때문이다. 하지만 이 소리는 당신의 인격을 이루는 한 부분의 목소리에 불과하다.

이 세 골칫덩이는 당신의 자아가 아니다. 이들은 언젠가 당신이 바깥 세계에서 떠안은, 그리고 당신이 내면화한 부정적인 메시지일 뿐이다. 말하자면 이들은 **조건 반사**이다. 조건 반사는 당신의 진정한 자아가 아니다.

●
내면의 골칫덩이들이 말하는 모든 것을 믿고, 자기 자신과 이들을 혼동하면서 이 셋이 당신의 자아라고 생각하면, 당신은 세 골칫덩이를 더 크고 강하게 만들어버리게 된다. 당신은 이들과 맞서 싸워야 한다.

당신은 이 사실을 이해하면서 이미 회복의 첫걸음을 내디뎠다. 세 골칫덩이가 끊임없이 쏟아내는 잡담이 유익하지 않다는 것을 당신은 이제 확실히 안다. 또한 당신은 이들로부터 거리를 두고 경계를 짓기를 원한다. 나는 다음으로 당신이 이 경계 짓기를 해낼 수 있는 방법을 전하려 한다. 그러기 위해선 네 단계를 밟아야 한다. 우선 각각의 단계를 설명한 다음, 각 단계에 담긴 잠재적 가능성을 소개할까 한다.

✳ 전략: 머릿속 소란에서 벗어나는 네 단계 ✳

- 첫 번째 단계: 먼저 당신의 머릿속 세 골칫덩이 중 하나가 지금 막 **발언권을 쥐었음을** 알아차리자.
- 두 번째 단계: 그가 방금 무슨 말을 했든 상관없이 **그 생각을 중단시키자.** 이때 그에게 반갑게 인사를 건네며 호의적으로 대하는 것이 중요하다. 누가 지금 당신의 머릿속에서 시끄럽게 떠들고 있는지 알아차렸다면 그를 지목하며 이렇게 인사하는 것이다. "안녕, 비평가!"
- 세 번째 단계: 그 골칫덩이에게 '연락을 주어서 고맙다'고 말하자. 지금 막 당신의 머릿속에 나타나 이런저런 말을 하고 있는 그에게, 당신도 거기 있으며 **그가 몰두하는 문제를 당신도 신경 쓰고 있음을** 전하자. 이를테면 다음과 같이 표현하는 것이다. "정보 줘서 고마워. 나도 그 문제를 신경

쓰며 지켜보고 있어."

• 네 번째 단계: 숨을 깊이 들이마시고 내쉬자. 숨을 내쉬면서 각 골칫덩이가 남긴 부정적 영향을 몸 밖으로 내보내자. 그러면서 안도감을 느껴보자. 짧은 시간일지라도 당신은 이 순간 자유롭다. 당신은 골칫덩이들이 만들어낸 **생각을 바깥으로** 내보낸 것이다.

각 단계에는 어떤 효과가 있을까

첫 번째 단계에서 당신은 자신의 머릿속에서 무슨 일이 벌어지는지 의식적으로 분명히 알아차리게 된다. 어떤 일이 있는지 의식해야만 자신이 세 골칫덩이에 매여 있다는 것을 깨닫고 그들과 나 사이에 선을 그을 수 있게 된다.

두 번째 단계에서 골칫덩이에게 건네는 인사는 일종의 '차단기'다. 내가 진행하는 세미나에 참가한 이들 중 상당수는 내면의 혼잣말을 의식적으로 바꾸고, 거기에 대고 안녕이라 인사를 건네는 것을 처음에는 무척 이상하게 여겼다. 그러나 다소 낯설더라도 우리를 깎아내리고 불안하게 만들고 억누르고 재촉하는 생각들을 친근한 인삿말 하나로 쉽게 멈춰 세울 수 있다. 인사는 이들을 나의 자아가 아닌 다른 존재로 인식하는 첫걸음이다.

"안녕!"이라고 말하면서 당신의 자아는 그 생각에서 빠져나온다. 이제 당신의 내면에는 둘이 있다. 즉, 자신의 진정한 자아속에 머물고 있는 당신과, 당신이 인사를 건넨 골칫덩이다. 그는 당신의 진정한 자아의 맞은편에 서게 된다. 당신은 더는 그의 지배를 받지 않는다. 그와 하나로 융화되지도 않는다.

세 번째 단계는 어떤가? 지금껏 내면의 골칫덩이들은 당신을 보호하려 했다. 그리고 이들은 자기가 배운 대로, 즉 불안과 공격, 비난과 압력으로 당신을 보호하고 당신의 삶을 관리하려 애썼다. 이들은 당신이 어려움에 처하거나 당신에게 무언가 불편하고 불쾌한 일이 벌어질 때에만 신뢰할 만하다. 당신을 보호하려 했던 이들의 노고를 존중하고 높이 평가하면, 이들은 온화해진다. 더불어 세 번째 단계를 통해 당신은 자기 자신에게, 앞으로도 계속 불안이 아니라 사랑과 기대라는 긍정적인 바탕 위에 서겠다고 분명히 알리게 된다.

이 단계에서 당신은 골칫덩이들에게, 머릿속에 나타나주어서 고맙다고, 또한 처리하길 원하는 것을 알려주어서 고맙다고 말해야 한다. 예를 들면 "그 정보 고마워!" 아니면 "소식 줘서 고마워!"같이 말이다. 내면의 불안을 '정보'로만 받아들이는 것이다.

내면의 골칫덩이들이 무엇을 말하든 상관없이 당신의 진정한 자아, 다시 말해 당신 자신은 이제 그 문제를 넘겨받을 수 있다. 골칫덩이들이 여태까지 곱씹은 것을 당신이 직접 맡아 신경 쓰고 돌보고 **처리하면** 된다. 그러면 머릿속에 새로운 생각들이 떠오른다.

네 번째 단계는 심리적 긴장을 몸의 부담으로 만들지 않는 것이다. 골칫덩이들의 부정적인 잡담은 우리 몸에 흔적을 남긴다. 특정 근육에는 경련이 일어나고, 호흡은 더 얕아지며, 혈압

이 올라가기도 한다. 장이 과민하다면 긴장되는 일에 앞서 매번 화장실을 찾아야 할 것이다. 생기가 사라진 눈으로 멍하니 앞만 보는 경우도 있고, 자세가 경직되는 사람들도 있다. 표정이 냉담하게 변하는 경우도 종종 있다. 깊은 호흡을 들이쉬고 내쉬며 네 번째 단계를 천천히 밟으면 긴장과 경련은 자연스레 풀어진다. 심호흡은 당신의 몸에 '모두 아무런 문제없이 순조롭게 흘러가고 있다'고 말하는 것이다. 숨을 내쉬면서 당신은 골칫덩이들이 남긴 부정적 영향을 밖으로 내보내게 된다. 이때 당신이 정말 차분해지고, 고요해지며, 모든 긴장이 완화되는지 찬찬히 살펴보자.

내면의 존재들을 대할 때 저지르는 세 가지 실수

머릿속 골칫덩이들과의 관계 변화가 당신에게 아주 새로운 일이라면 아마 처음에는 몇 가지 실수를 저지르게 될지 모른다. 모든 것이 낯설기 때문에 이따금 당신은 곁길로 들어설 수 있다.

그래도 괜찮다. 여기서 우리가 자주 저지르는 실수와 그에 맞는 해결책을 잠시 이야기해보자.

실수 1. 내면의 골칫덩이들이 계속 잡담하게 두면서 이들의 말을 옳다고 여기는 것

이는 인격의 한 부분에 불과한 골칫덩이들과 당신이 하나로 합쳐져 있다는 뜻이다. 즉, 이들과 당신을 동일시한 것이다. 그러면 하나의 골칫덩이 혹은 이들 셋이 모두 당신의 자아를 차지하게 된다. 당신은 이들의 말을 듣고 이들의 사고방식을 습관적으로 반복하면서 이들 셋을 더 크고 강하게 만들어버린다.

해결책: 골칫덩이들이 당신의 머릿속에서 이리저리 날뛰며 활개를 친 다음에 어떤 느낌이 드는지 한번 주의 깊게 관찰해보자. 분명 좋은 감정들이 다 사라졌음을 느낄 것이다. 내면의 평화와 안정, 진정한 기쁨과 즐거움이 없으며, 나 자신과 삶에 대한 신뢰가 느껴지지 않을 것이다. 대신 당신은 불쾌감, 짜증과 분노, 의기소침과 낙담, 또는 걱정으로 인한 망설임을 스트레스의 형태로 느끼게 된다. 어쩌면 몸 상태가 나빠지는 것을 느낄 수도 있다. 이렇게 당신에게 나타나는 정신적·신체적 변화를 의식적으로 알게 되면 머릿속 골칫덩이들과의 거리 두기가 왜 당신에게 유익하고 옳은지 확실히 알게 된다.

몇몇 사람들은 고통스럽게 '벽에 부딪히고' 나서야 비로소 눈을 뜨고 이 골칫덩이들과 거리를 두기 시작한다. 다시 말해 머릿속 골칫덩이들의 지긋지긋한 장광설로 정신 건강이 망가지고 나서 뒤늦게 경계선을 긋는다. 부디 이렇게 멀리 가지는 말자.

실수 2. 당신 내면의 골칫덩이들을 공격하는 것

이들을 공격하는 이유는 당신의 습관에 있다. 무언가 불쾌한 것이 나타나면, 당신은 내면의 비평가가 내놓는 생각에 귀를 기울이는 데 익숙해져 있다. 그러면 내면의 비평가는 그 대상을 비난하고 질책하고 욕한다. 당신이 머릿속 골칫덩이들에 대해 흥분하고 분노하면 바로 이와 똑같은 일이 벌어진다. 내면의 비평가는 비난으로 당신을 습격하고, 감독관은 당신이 끝내 골칫덩이들을 없애도록 압박하며, 걱정 생산자는 당신이 걱정 생산자를 제어하지 못하면 얼마나 더 나빠질지 걱정을 한다. 당신 인격의 일부인 이들은 모든 것을 공격하며 당신 자신마저 잠식할 수 있다.

해결책: 골칫덩이들의 도움을 받아 골칫덩이들과 싸우는 것을 멈추자. 내면의 바탕을 바꾸기만 해도 당신은 효과적으로 이들과 거리를 두고 경계를 지을 수 있다. 의식적으로 사랑을 바탕으로 삼자. 불안이 아닌 사랑이 당신의 집이어야 한다.

골칫덩이들의 끝없는 수다를 다정하게 중단시키자. 당신을 보호하려 끊임없이 애써주어서 고맙다고 이들에게 말하자. 진심과 애정이 가득 담긴 호의로만 당신은 이 부정적인 생각들에서 빠져나올 수 있다.

실수 3. 아무리 노력해도 내면의 골칫덩이들이 사라지지 않는다고 실망하는 것

아무리 당신이 열심히 연습을 하더라도 내면의 골칫덩이들은 연신 당신의 머릿속을 크게 차지할지 모른다. 그러면 당신은 점점 자신을 의심하거나, 아니면 내가 여기서 소개한 네 단계를 의심스레 여길 수 있다. 하지만 이 생각은 틀렸다.

해결책: 누가 지금 머릿속에서 말하고 있는지 의식하자. 그런 다음 내면의 감독관에게 애정 어린 인사를 건네자. 당신의 이런 '실망스럽다'는 생각 뒤에는 냉혹한 감독관의 지시와 높은 수준의 요구가 숨어 있다. "부정적인 생각을 하지 말아야 해. 머릿속 골칫덩이들을 내보내야만 해." 높은 수준의 요구 사항은 다음과 같다. "나는 이들을 철저히, 완벽하게 없애야 해. 골칫덩이들이 다시는 나타나지 못하도록."

당신이 믿고 따르는 감독관의 모든 지시는 내면의 비평가를 불러내는 주문이다. 이제 비평가는 골칫덩이를 머릿속에서 내보내지 못했다는 이유로 당신을 비난한다. 그러나 당신은 그로부터 어떻게 경계선을 그어야 하는지 안다. 감독관에게 다정한 말투로 인사를 하며, '정보를 주어서 고맙다'고 말하는 것이다.

그런 다음 그 일을 넘겨받아 알 아서 처리하면 된다.

골칫덩이들을 대하는 자기만 의 유쾌한 태도를 찾아내자. 과 거에 학습한 방식으로 당신을 보호하려고 애쓰는 이들의 노고

● 긴장을 해소하는 가장 쉽고 간단한 방법은 주의와 집중을 내 몸으로 돌리는 것이다. 숨을 깊이 들이마시고 내쉬어보자. 그러면서 몸의 긴장을 의식적으로 흘려보내자. 온몸의 근육을 천천히 이완시키자.

만은 존중하자. 그러면서 당신은 자신이 이들로부터 자유로우 며 이 생각들로부터 얼마든지 거리를 둘 수 있음을 거듭 깨닫게 된다.

당신이 무언가 불쾌한 일을 경험하면, 내면의 골칫덩이들은 불현듯 나타나 연신 자기 얘기를 전할 것이다. 이들이 수다를 떨 기 시작하면 당신은 이들이 거기 있음을 알아차리게 된다. 그러 면 이제 이들과 거리를 두면 된다. 필요하다면 이 과정을 반복해 야 한다. 양치질처럼, 습관이 될 때까지.

이따금 부정적인 생각에서 빠져나오고 나서 (놀랍게도!) 곧바로 처음으로 돌아가는 경험을 하게 될 것이다. 내면의 골칫덩이들 과 제대로 거리를 두지도 못하고, 이들이 쏟아내는 부정적인 말 에 다시금 사로잡히는 것이다. 이런 일은 자주 벌어지며 지극히 정상이다. 여기에는 두 가지 원인이 있다.

원인 1. 당신이 아직 스트레스를 받고 있다는 것이다.

당신이 여전히 긴장하고 있다면 이는 골칫덩이들에게 일종의
경고 신호가 된다. 당신의 내면과 외적인 삶에 문제가 있다고 인
식하는 것이다. 그러면 이들은 눈 깜짝할 새 나타나 잔소리를 늘
어놓으며 당신을 보호하려 한다. 당신이 스트레스를 받는 한, 내
면의 골칫덩이들은 즉각 뛰어나와 자기 일을 할 것이다.

당신에게 필요한 것은 자신에게 알맞은 방식으로 긴장을 푸
는 일이다. 그리고 이를 날마다 해야 한다. 당신에게 어울리는
긴장 해소 방법이 무엇인지 찾아보자. 참고로 나는 매일 요가와
명상으로 긴장을 푼다.

**원인 2. 내면의 골칫덩이들이 계속 떠들어대는 문제를 당신이 제대로 인
식하고 넘겨받지 않은 것이다.**

당신이 새로운 생각을 적극적으로 떠올리기 시작하면, 골칫덩
이들은 당신이 이제 거기에 신경 쓴다는 걸 알게 된다. 앞에서
예로 든 어머니 이야기를 다시 꺼내보자. 어머니는 자기 아이가
차도로 들어가지 못하도록 아이를 세게 움켜잡았다. 그럼 어머
니는 언제 자기 아이를 이런 식으로 다루지 않게 될까? 아이가
스스로 알아서 조심할 수 있다고 여겨질 때, 그런 모습을 보고
나서야 비로소 어머니는 아이를 인정하고 더욱 부드럽게 대할
것이다.

이번 장의 끝에 연습 노트가 하나 있다. 연습 노트는 당신이 자기 생각을 적극적으로 바꾸는 데 도움을 주기 위해 만들어졌다. 노트를 통해 당신은 골칫덩이들의 공격에서 거리를 두고 경계를 짓게 된다. 그러면서 (진정한 자아에서 비롯된) 당신 자신은 골칫덩이들이 다루는 문제를 넘겨받게 된다. 당신은 이제 문제의 책임자로서 의도적으로 유쾌하고 건설적인 생각을 하면서 '거리 두기'와 '인수인계'를 같이 하게 된다. 당신이 문제를 인식하고 차분하게 해결해 나가는 모습을 볼 때 아이를 인정하고 잔소리를 멈추는 어머니처럼 골칫덩이들은 뒤로 물러나고 긴장을 풀게 된다.

나는 머릿속 소란을 빠르고 확실하게 멈추게 하기 위해 다음 전략을 추가로 활용한다. 이는 무척 간단해서 어디에서나 할 수 있다. 연습 노트를 통해 생각을 단련하거나 여유롭게 긴장을 풀 시간이 없다면 다음 전략을 한번 시도해보기를 바란다. 이 전략은 일상에서 당신이 정신적으로 더욱 깨어 있도록, 주의를 더 집중하도록 돕는다.

✻ 전략: 지금 이 순간에 머무르기 ✻
이 전략은 다음 안내를 한번 자세히 읽고 머릿속에 넣은 다음, 전 과정을 자연스럽게 따라갈 때 가장 효과가 크다.

당신의 주의와 집중을 감각적 인식의 장場에 맞추어보자. 다시 말해 당신이 보고, 듣고, 느끼고, 냄새 맡고, 맛보는 것을 의식적으로 깨닫는 것이다. 그러면서 당신은 매여 있던 생각에서 벗어나 지금 이 순간 실제로 존재하는 무언가로 생각의 방향을 틀게 된다. 머릿속에서 나와 바로 이 순간, 현재로 들어간다.

• 지금 당신이 보는 것에 주의를 맞추자. 눈에 들어오는 모든 것을 그저 보기만 하면 된다.

• 그런 다음 지금 귀에 들리는 것에 주의와 집중을 옮기자. 당신 가까이에서 나는 소리를 의식적으로 감지해보자. 이를테면 당신의 배 속에서 나는 꼬르륵 소리, 기계에서 나는 윙윙거리는 소리에 주의를 기울이자. 이어서 먼 곳에서 나는 소리를 주의하여 들어보자. 도로 위를 씽씽 달리는 자동차 소리가 어렴풋이 들릴지 모른다.

• 이제 당신의 주의와 집중을 당신이 느끼는 것에 맞추어보자. 당신이 지금 입고 있는 옷가지 위를 손으로 쓰다듬으며, 옷감의 감촉이 어떤지 느껴보자. 앉아 있는 곳의 느낌은 어떠한가, 그 방석 혹은 소파는 어떤 느낌이 드는가?

• 코로 들어오는 냄새에 주의를 옮겨보자. 후각을 활성화하자. 코로 숨을 깊이 들이마시며 특별한 냄새가 나는지 주의해서 맡아보자.

- 미각으로 주의를 돌려보자. 입속에서 무언가 맛이 느껴지는가? 무언가 먹고 있지 않아도 말이다.

고유의 감각을 통해 느껴지는 모든 것은 생각보다 무해할지 모른다. 감각의 대상이 실제로 존재하는 것임을 깨달으며 그 감각을 경험한다면, 그리고 이 과정에서 내면의 골칫덩이들이 말한 것은 단지 머릿속에서 만들어진 실체 없는 것에 불과하다는 사실을 깨닫는다면 말이다.

머릿속 골칫덩이들과 거리를 두면 당신의 생각은 달라진다. 당신과 주변 사람들을 폄하하는 일을 멈추게 된다. 내면의 감독관이 당신을 압박하며 늘어놓는 지시와 강요에 비판적으로 질문을 던지게 된다. 또한 걱정 생산자가 '모두 나쁘게 끝날 것'이라는 비전을 내보일 때 고개를 절레절레 젓게 된다. 이제 당신은 자기 생각을 더 나은, 건설적인 방향으로 돌릴 수 있음을 안다.

골칫덩이들의 지긋지긋한 장광설에 오랫동안 지배를 당하면, 자기 고유의 생각을 내 의도에 따라 새롭게 펼쳐 가는 일이 처음에는 매우 낯설 수 있다.

당신이 새로 떠올려낸 생각은 당신 자신과 조화롭게 어울릴 때에만 제대로 작동한다. 조금 더 정확히 말하자면, 당신은 스스로 편안함을 느끼는 생각, 당신에게 꼭 맞는 생각이 필요하다. 잘 걸으려면 발에 딱 맞는 신발이 필요한 것처럼 말이다. 누구에게나 두루 맞는 이른바 프리사이즈 신발은 실제로 그 누구에게 도 맞지 않는 것이다.

상담이나 세미나에서 사람들과 만날 때, 컨설턴트로서 나는 이 지점에서 그들이 무엇에 몰두하고 무엇을 찾는지 알고 있다. 사람들은 새롭고 유익한 생각을 스스로 잘 떠올린다. 가끔 이를 어려워하는 이들도 있는데, 그러면 나는 정중하고 조심스러운 태도로 그들에게 몇 가지 새로운 생각거리를 제공한다. 하지만 그들의 영역 **앞에** 살짝 놓아두려고 늘 신중을 기한다. 내가 제안 한 생각이 적절한지 아닌지는 내가 아니라 수신자가 결정할 일 이다.

자신에게 도움이 되는 새로운 생각을 찾아내는 방법은 뒤에 가서 더 자세히 설명할까 한다.

내면의 골칫덩이들을 당신은 능숙하게 다룰 수 있다

골칫덩이들이 내뱉는 끊임없는 수다를 의식적으로 감지하는 일 이 처음에는 어색할 수 있다. 그러나 시간이 흐를수록 내면의 부 정적인 생각을 알아차리고 또 그것을 밖으로 내보내기가 점점 더 쉬워질 것이다. 부정적인 생각 내보내기는 하나의 습관이 되 어 천천히, 하지만 확실하게 당신 몸과 마음의 건강을 더 나아지 게 만들 것이다. 또한 당신은 골칫덩이들에게 압도당하는 대신 반격을 하게 된다. 이들이 찌르는 창과 같은 말에 맞서 날카로운 창으로 대응하는 것이 아니라, 손을 내밀어 이들을 붙잡는 것이다. 비평가와 감독관, 걱정 생산자 안에는 어린 시절의 고통스런 경험이 저장되어 있다. 이들은 당신이 어린 시절에 부족했던 것을, 즉 다정한 호의와 이해를 필요로 한다. 사랑에 토대를 둔 진정한 자아는 이들에게 손을 내밀 수 있다.

이제 당신은 어른이다. 내면의 골칫덩이들을 다정하게 대할 수 있을 정도로 당신은 크게 성장했다. 게다가 이들은 당신이 호의와 이해를 자주 베풀수록 당신을 차츰 덜 괴롭힐 것이다.

한 가지 주의할 점이 있다. 당신이 정신적으로 궁지에 빠지면 이들은 곧바로 다시 나타난다. 그리고 예전처럼 활발하게 활동하며, 자기가 학습한 대로 당신을 걱정하고 지적하고 공격할 것이다.

다행히 당신도 이들의 패턴을 어느 정도 간파했다.

부정적인 생각에 맞서는 치료제

나는 당신을 모른다. 당신의 인생이 무엇으로 구성되었는지, 어떤 문제가 있는지 전혀 알지 못한다. 그러나 나는 당신이 전과는 다르게 생각하도록 돕고 싶다. 당신이 내면의 비평가와 감독관과 걱정 생산자가 만들어내는 것과는 다른 생각을 떠올리기를 바란다.

여기서는 당신이 각 골칫덩이로부터 경계선을 그을 수 있는 몇 가지 생각을 전하려 한다. 이는 마치 '씨앗 뿌리기'와 같다. 이 씨앗이 잘 맞으면 당신 고유의 영역에 심고 자라게 할 수 있다. 충분한 시간을 내 다음 글을 읽으며 문장 하나하나가 끼치는 영향을 진지하게 곱씹어보자. 마음이 움직이는 문장이 있는가? 공명과 공감, 조화와 일치감이 느껴지는 문장은 무엇인가? 이런 문장은 당신의 진정한 자아와 긴밀히 연결되는 중요한 메시지를 담고 있다.

내면의 비평가와 거리를 두는 생각들

- 내면의 비평가가 당신을 무엇이라 여기든 상관없이, 당신에게는 아무런 문제가 없으며 모든 일은 순조롭게 흘러가고 있다. 당신은 아무런 조건 없이 사랑받아 마땅한 사람이다.
- 당신이 하는 일이나 당신이 가진 것은 당신 자신이 아니다. 다른 사람들이 당신에 대해 말하는 것 또한 당신이 아니다.
- 당신은 유일무이한 존재이다. 다른 사람들과의 비교는 당신을 정당하게 평가하지 못한다. 당신은 아주 광범위하고 다채로운 사람이기에, 틀에 박힌 기준에 들어맞지 않는다.
- 비평가는 공격만 할 뿐, 당신은 그의 공격으로 더 나은 사람이 되지 않는다.

- 당신이 잘못을 바로잡고 이에 대해 (필요할 경우) 용서를 구하는 데 훈계도 질책도 필요하지 않다. 당신은 비난과 질타가 없어도 (당신과 다른 사람들의) 잘못을 인식할 수 있다.
- 당신은 타인의 비난을 방어나 변명 없이, 그리고 불쾌한 감정 없이 받아들일 수 있다.
- 높은 자존감을 품고 스스로 가치 있다 느끼며 일생을 사는 것은 당신이 지금 당장 그리고 언제든 선택할 수 있는 것이다.
- 세상에 남보다 가치가 덜한 사람은 없다.
- 당신의 주변 사람들은 지금 모습 그대로 머물러도 된다. 이들은 당신의 마음에 들 필요가 없으며 당신과 같은 생각을 해야 할 필요도 없다.
- 당신의 진정한 자아를 등에 업으면 무언가를 곧바로 시도하기가 쉬워진다. 남에게 어떤 인상을 주는지 머릿속으로 계속 점검하지 않으면서, 다른 사람들이 당신에 대해 무슨 생각을 할지 고민하지 않으면서 말이다. 당신은 지금 모습 그대로 있어도 된다.
- 세상의 부조리에 대해 불평불만을 하더라도 당신은 더 나은 사람이 되지 않으며 이 세상도 마찬가지다.
- 당신의 과거는 당신이 아니다.
- 다른 사람이 당신을 불친절하게 또는 나쁘게 대하면, 그 사람의 골칫덩이들이 곧바로 그를 찾아가 괴롭힌다는 것을 명심하자. 당신은 불친절한 사람에게 경계선을 긋는 것만으로도 할 일

을 다 했다. 그에게 보복하거나 분풀이를 하지는 말자. 그는 이미 충분히 벌을 받았다. 왜냐하면 그의 골칫덩이들에게 압도당했기 때문이다.

• 당신의 자기 가치는 누구도 망가트릴 수 없으며 상처를 낼 수도 없다. 이는 바깥에서 절대 할 수 없는 일이다.

내면의 감독관과 거리를 두는 생각들

• 더 나은 무언가가 되기 위해 타인의 요구에 맞추지 말자.

• 당신이 어떠해야 하는지에 관한 다른 사람의 의견은 당신과 아무 상관이 없다. 이런 타인의 견해는 반응하지 말고 말을 내뱉은 사람이 처리하도록 가만히 두어도 된다.

• 당신이 어떠해야 하는지, 다른 사람이 어떠해야 하는지에 대한 생각은 붙잡지 말고 흘러가게 놔두자.

• 모든 의무와 강요는 머릿속에서 만들어진 것이다. 순전히 환상에 불과하다.

• 당신이 바꾸길 원하는 것은 자기 자신이나 다른 사람을 괴롭히지 말고 바꾸어보자.

• 당신은 자신의 가치를 멋진 외면이나 성과로 증명할 필요가 없다. 당신은 굳이 증명하지 않아도 가치 있는 사람이다. 처음부터, 그리고 앞으로도 계속.

• 기능과 쓸모라는 좁은 감옥에서 벗어나자.

- 의무와 강요로부터 거리를 두자. 성공적이어야 한다는, 완벽해야 한다는, 당신이 모든 것을 관리해야 한다는 생각과 멀어지자.
- 당신은 자신에게 압박을 가하는 대신, 아무런 노력 없이 하루를 한가롭게 보낼 수 있다.
- 하루에 휴식 시간을 자주 가지자. 존재의 기쁨을 고양시키는 작전 타임을 종종 즐기자. 이 시간에는 당신에게 유익하고 당신을 웃음 짓게 만드는 것이라면 무엇이든 해보자. 주변에서 작은 즐거움을 적극적으로 찾아보자.
- 의무에 압도되고 과부하가 걸린다면 도중에 5분 정도 아무것도 하지 않는 시간을 내자. 모두 내려놓고 그 상태로 가만히 머무르면 된다. 당신 내면의 진정한 자아가 긴장을 풀 때까지 기다리자. 그러다보면 머릿속에 새로운 생각이 떠오를 수도 있다.
- 세상을 종종 어린아이처럼 호기심 어린 눈으로 탐색해보자. 마음껏 공상하며 아무 제한 없이 상상의 날개를 펼쳐보자. 그리고 날마다, 당신을 감탄하게 만드는 무언가를 발견해보자.

내면의 걱정 생산자와 거리를 두는 생각들
- 불안한 느낌이 든다고 해서 좋지 않은 일이 벌어진다는 뜻이 아니다.
- 불안에 사로잡힌 걱정 생산자가 당신에게 무언가 잘못될 거라고 이야기하고 있는가? 당신이 그런 나쁜 경험을 원하는지 스

스로 결정하자. 원하지 않는다면 걱정 생산자로부터 멀어지자. 걱정 생산자가 염려하는 그 일이 잘되면 어떤 모습일지 상상해 보자.

- 무언가를 걱정하는 것은 사랑이 아니다. 이는 불안이다.
- 불안한 소식과 음모론을 꾸준히 찾아 보며 걱정 생산자를 크고 강하게 만들지 않도록 주의하자.
- 당신의 진정한 자아는 삶에 대한 확신이 있다. 그는 당신이 생을 꾸리며 경험하는 모든 것을 잘해내리라 믿는다.
- 삶은 당신을 떠받친다. 언제나 당신을 지탱한다. 당신이 늘 신경 쓰지 않더라도.
- 지금 이 순간에 머무르자. 미래에 대해 생각하지 않으면, 현재라는 이 순간은 전혀 복잡하지 않다.
- 앞으로 무슨 일이 벌어질지 당신은 알지 못한다. 그리고 이 불확실성은 아무런 문제도 되지 않는다.
- 불확실성으로 당신은 모든 것에 열리게 된다. 경이로운 일들이 당신의 생에 자유로이 드나들게 된다.

머릿속 골칫덩이들보다 당신은 훨씬 더 크다

- 아마도 당신은 골칫덩이들의 낡은 생각에 익숙해져 있을 것이다. 내면의 비평가, 감독관, 걱정 생산자가 지금까지 한 말을 진실로 여겼을 것이다. 머릿속에서 이야기하는 것이 바로 당신 자

신이라고 생각했을 것이다. 하지만 머릿속에서 나온 말은 골칫덩이들이 만들어낸 생각에 불과하다. 당신은 이들과 하나가 되어 그 생각을 곧이곧대로 믿은 것이다.

• 그런데 한번 깊이 들여다보면 당신을 괴롭히는 이 생각의 폭풍이 지속적으로 일어나지 않았음을 알게 된다. 중간에 가끔씩 당신의 진정한 자아 또한 등장한 적이 있다. 그리고 바로 그 순간, 그 지점에서 당신에게 유익하고 생산적인 생각이 떠올랐을 것이다.

• 진정한 자아와 긴밀히 연결될 때마다 당신은 자기 자신과 다른 사람들을 다정하게 대하게 된다. 당신은 이해심 넘치는 사람이 되며, 주변 사람들이 성급하고 산만해질 때 그들을 진정시키게 된다. 뜻대로 되지 않은 일도 긍정적으로 바라보게 된다. 자기 자신을 비롯해 주변 다른 사람들을 일으켜 세우고, 동기 부여를 하며, 위로를 전한다. 진정한 자아라는 당신 인격의 사랑스런 부분과 연결되면, 당신을 지원하고 지탱하며 강하게 만드는 생각을 스스로 하게 된다.

• 또한 당신의 진정한 자아는 더 많은 것을 할 수 있다. 즉, 불안이라는 바탕에 있는, 당신 인격의 다른 부분들—비평가와 감독관 그리고 걱정 생산자—에게 손을 내밀게 된다. (진정한 자아와 연결된) 당신은 머릿속 골칫덩이들보다 훨씬 크고 더욱 현명하다.

현재 그리고 미래와 관련된 모든 일, 다시 말해 당신이라는 삶을 건설하는 현장에서 이에 따르는 온갖 도전과 난관은 당신 스스로 책임져야 하며 머릿속 골칫덩이들에게 권한을 떠넘겨서는 안 된다.

더 정확히 말하면 자신에게 이로운 생각을 의도적으로, 의식적으로 하라는 뜻이다. 가장 좋은 방법은 내면의 골칫덩이들이 끊임없이 되새김질하는 모든 주제 또는 문제를 받아서, 당신에게 유익한 새로운 생각을 직접 떠올리는 것이다.

다음에 이어지는 연습 노트는 골칫덩이들이 떠들어대는 주제를 당신이 직접 맡아 해결하도록 도울 것이다. 당신은 모든 문제를 새로운 생각으로, 당신에게 적합한 방향으로 전개해 나갈 수 있다. 그러다보면 여태까지 골칫덩이들이 불평불만을 표한 문제에 대해 당신만의 긍정적이고 호의적인 시각을 발견하게 될 것이다.

✳ 나의 조언 ✳

먼저 소소한 문제들로 연습을 시작해보자. 이어서 커다란 고민거리를 조각조각 잘게 분해해보자. 이를테면 인간관계나 직업 혹은 돈이나 건강에 대한 부정적인 생각을 처리하기 수월한 작은 분량으로 나누는 것이다.

연습 노트:

부정적인 생각을 이로운 생각으로 바꾸는 세 단계 생각법

1	2	3
내게 도전이 되는 문제, 그리고 나를 방해하고 불쾌하게 하는 문제. (당신에게 부담이 되는 것을 구체적으로 묘사해보자.)	해당 주제에 대해 비평가, 감독관, 걱정 생산자가 전형적으로 하는 생각. (당신에게 스트레스를 주거나, 당신을 불안하게, 화나게 또는 의기소침하게 만드는 생각을 적어보자.)	해당 주제에 대해 내가 떠올린 호의적이고 이로운 생각. (당신이 편하게 느끼는 생각을 적어보자. 안도감을 주거나, 부담을 덜어주는 생각을 기록해보자.)
- 처리할 업무가 너무 많아.	- 아, 정말 바보 같아! 할 일이 이렇게 많으면 약속을 하나도 지킬 수가 없어.	- 크고 중요한 일부터 먼저 쳐내야지. - 다른 일은 동료에게 도움을 구하자.
- 새로운 원고를 쓰고 싶어. 그런데 이미 약속한 다른 급한 일들이 줄줄이 기다리고 있잖아.	- 밤을 새워도 절대 이걸 다 해낼 수 없어. - 너무 복잡해. - 기운만 빼는 이런 잡다한 일들 진짜 싫어.	- 하나씩 차례대로. - 버거운 약속은 언제든 취소할 수 있어. - 집중하면 분명 이 일을 끝낼 수 있어. 다 해내지 못해도 괜찮아. 서두르지 말자.

이번 장의 초입에 소개한, 두 개의 화살에 대한 부처의 가르침을 기억하는가? 우리가 쏘는 두 번째 화살이 자기 자신에게 상처를 입힌다고 하지 않았던가?

이 두 번째 화살은 우리가 오랫동안 믿고 지낸, 고통스런 생각 속에서 생겨난다. 지금까지 우리는 머릿속에서 말하는 누군가가 우리의 자아이며, 그의 말이 진실이라고 생각하며 살았다. 그러나 우리 머릿속에서 끊임없이 떠드는 장본인은 내면의 비평가와 감독관 그리고 걱정 생산자로, 이들은 서로 공을 주고받으며 비난과 압박과 걱정을 반복한다. 우리 인격을 이루는 이들 세 부분은 불안이라는 바탕 위에 있다. 이들에게 아니라고 말해야 한다는 것을, 또한 아니라고 말할 수 있다는 것을 우리는 이제 안다. 우리는 자신이 만들어낸 생각으로 자신에게 상처를 입히는 일을 멈출 수 있다.

3장

지치지 않고
가뿐하게 아니라고 말하는 법

이번 장에서는 당신이 적극적으로 아니라고 말하는 데 실제로 도움이 되는 수사적인 전략을 전하려 한다. 먼저 대화 도중에 빠르게 의사 표현을 하기 위한 쉽고 간단한 전략으로 시작할 생각이다. 그런 다음 당신이 아니라는 말을 할 때 벌어지는 혼란과 소란을 다루는 법을 소개하려 한다.

이제 당신은 쉽게 '아니'라고 말할 수 있다

일상에서 '아니'라고 말할 때 우리에게는 무엇이 필요할까? 자신에게 정말 중요한 것을 내 입으로 직접 말할 수 있으려면 머릿속에 구체적인 표현과 단어가 정리되어 있어야 한다. 물론 나의 조언은 당신에게 영감을 주기 위한 제안일 뿐이며, 혹여 이를 따르지 않더라도 괜찮다. 마지막에 가서는 자신에게 어울리고 자기 내면과 조화를 이루는 고유의 단어와 표현을 찾는 작업을 할 것이다.

먼저 수사적 전략으로 시작해보자. 이 전략은 어린아이도 할 수 있을 만큼 간단해서 많은 이들에게 과소평가되는 경향이 있다. 바로 **아무런 미사여구 없이** 단순하게 '아니'라고 말하는 전략이다. 당신의 '아니'라는 말은 하나의 완전한 대답이다.

'아니'에는 설명이 필요 없다: 거절을 알리는 가장 쉽고 간단한 전략
당신의 아니라는 말은 그 자체로 가치가 있으며 종종 그 자체만으로 충분한 의미를 전한다.

• 그 어떤 첨언 없이 "아니"라고 말하거나 쓰자.
• 원한다면 "고맙다" 또는 "괜찮다"는 말을 덧붙이자. "고맙지만, 그건 아니야."
• 당신의 '아니'라는 말을 설명하지도, 변명하지도, 돌려서 표현하지도 말자.
• 이에 대해 상대에게 미안해하지도 말고 용서나 이해를 구하지도 말자. 아니라는 말로 당신은 모든 것을 말했다.

- 상대가 당신의 아니라는 말을 받아들이지 않거나, 존중하지 않거나 혹은 이해하지 못할 경우 다시 말하자. "아니."

- 그럼에도 받아들여지지 않는다면 다시 한 번 반복하자. "아니." 이때 당신은 조용히 침착하게 있으면 된다. 상대방에게 당신이 이 아니라는 말을 아무런 흥분도 동요도 없이 무한히 반복할 준비가 되어 있음을 보여주는 것이다. 당신이 지닌 확고한 거절의 뜻을 누구도 절대 거스를 수 없다고 말이다.

이 간단한 대화 전략의 예를 들면 이렇다.

"손님이 새로 사신 신발에 지금 바로 방수 처리를 해드릴게요."

"아니요, 괜찮아요."

"아시겠지만 이 신발은 가죽이라서 비나 습기에 잘 상해요. 방수 처리하는 데 몇 초밖에 안 걸려요."

"아니요, 괜찮아요."

"부탁할 게 있어요. 만프레트 씨가 아프대요. 프로젝트 마감이 급해서 그러는데 만프레트 씨 대신 일 좀 맡아줄 수 있어요?"

"아니요."

"안 되겠어요? 자료 정리 조금만 도와주면 돼요. 부탁 좀 할게요."

"아니요."

"단호하시네요. 무슨 일 있으세요? 예전에는 잘 도와주시더니. 이거 정말 간단한 일이에요."

"아니요."

"와, 무섭다. 계속 아니라고만 하시네요. 제가 뭐 큰 실수라도 했나요?"

"아니요."

물론 당신은 이보다 길게 말할 수 있다. 그렇게 말하는 게 당신에게 잘 맞는다면 말이다. 하지만 많은 말을 늘어놓는 것이 부담스럽고 어렵다면, 또는 단순히 그러고 싶은 마음이 없다면 "아니"라는 말 하나로 충분하다. 이 한마디로 당신은 모든 걸 말했다.

당신이 여기에 이유와 해명을 덧붙인다면 그건 상대방에게는 하나의 선물이다. 이는 당신이 왜 거절하는지 상대방이 이해할 수 있도록 돕는 일종의 서비스이지만, 동시에 상대방이 당신의 거절에 구멍을 내는 하나의 총알이 될 수도 있다. 말이 길어지면 상대는 그 말을 물고 늘어질 수 있다. 그럴 경우 말을 멈추어 그에게 '먹이'를 주는 일을 멈추자. 그 어떤 설명도 더 해주지 말자. 첨언 없이 순수하게, '아니'라고 말하자.

당신이 던진 '아니'라는 말의 편에 서자

여기서 잠깐 현실을 직시하는 시간을 가져보자. 객관적으로 생각하면, '아니'라는 말은 일말의 결과를 지닌다. 당신이 하는 '그래'라는 말과 마찬가지로.

명료하게 던지는 '아니'라는 말은 당신 자신에게 '그래'라고 말하는 것이 된다.

아니라는 말로 당신은 다른 사람들을 실망시킬 수 있다. 어쩌면 주변 사람들은 당신에게 특정한 호의를 제공받는 것에 익숙해졌을지 모른다. 여태까지 당신은 거절하지 못하고 늘 수용적인 태도를 보이며 당신이 무엇을 허용하고 내줄 수 있는지를 주변에 무언으로 드러냈다.

당신은 주변 사람들이 떠난 자리를 늘 치우고 정리했을지 모른다. 아니면 이들이 커피를 넉넉히 마실 수 있도록 매번 커피 머신과 원두를 챙기고 살폈을지 모른다. 지인들이 약속에 늦을 때마다 항상 기다려주었을지 모른다. 또한 주변 사람들이 가고 싶어 하는 레스토랑에 계속 함께 갔을 것이다. 그런데 늘 먼저 헤아리고 배려하던 당신의 입에서 아니라는 말이 나온다면 주변 사람들은 먼저 낯설음을 느낄 것이다. 그리고 당신에게 이전이 훨씬 더 나았다고 말할지 모른다. 그러면 어떻게 해야 할까?

다른 사람들은 당신의 (새로운) 경계를 자연스레 받아들이지도, 좋다고 생각하지도 않을 것이다. 그렇지만 상관없다. 타인이 어떻게 반응할지, 당신에 대해 무슨 생각을 할지는 당신과 무관한 일임을 명심하자. 이는 다른 사람의 영역에 속한 일이다.

사람들의 반응을 허용하자. 당신은 이를 견딜 수 있다. (만약 견디기 어렵다면 뒤에 나오는 '잘 방어하기' 부분을 살펴보도록 하자.) 어쩌면 당신은 지금까지 타인에게 **이용당한** 사람이었을지 모른다. 그러나 아니라고 말함으로써 당신은 다른 사람이 나보다 먼저였던 지난날이 이제 끝났음을 선언하게 된다. 그가 당신을 더는 마음대로 대할 수 없음을 전하는 것이다.

당신이 끊임없이 무언가를 주었기 때문에, 당신이 경계선을 긋지 않았기 때문에 당신에게 관심이 있었던 누군가는 이제 더는 여태까지 받은 것을 얻을 수 없게 된다. 그는 당신을 찾아왔다가 빈손으로 돌아가게 된다. 어쩌면 그는 당신이 전처럼 '그러자'고 말하도록 당신을 달래려 할지 모른다. 아니면 당신에게 등을 돌리고 새로운 희생자를 찾아 나설 수도 있다. 그 사람과 맺은 관계의 본질이 드러나는 순간이다.

사람들이 당신에게서 떠나는 것이 힘들게 느껴질지 모른다. 특히 당신의 변화가 그 사람과 관계가 끊어지는 데 큰 원인이었다는 사실을 깨달을 때 괴로움을 느낄 것이다. 그때 내면의 비평가가 고개를 들어 당신에게

제안이나 부탁을 거절했다는 이유로 누군가 당신을 비난한다면, 그가 자신의 감정을 온전히 느끼도록 내버려 두자. 당신이 주변의 모두를 행복하게 만들 의무는 없다.

비난과 질책을 퍼붓지 못하도록 잘 막아야 한다. 당신은 '진정한' 친구를 잃은 것이 아니다.

거절하는 말이 모두에게 애정 어린 반응을 받을 수는 없다. 하지만 당신이 그은 경계선은 생각보다 자주 사람들의 존경과 감탄을 자아낼 것이다. 이제 당신은 꾸밈없이 솔직한 사람이다. 그러자고**만** 말하는 사람이 아니라, 아니라고 말하면서 다른 한편으로 그러자고**도** 말할 수 있는 사람이다. 자신이 원하는 것을 말하면서, 다른 사람이 하지 않기를 원하는 것도 표현할 수 있는 사람이다. 그러면서 당신은 다른 이들에게 명료하게 의사 표현을 하는 하나의 본보기가 된다.

아니라고 말하지 않고도 아니라고 말하는 방법

당신이 더 쉽고 편하게 아니라고 말할 수 있도록 '아니'라는 표현을 쓰지 않고도 거절할 수 있는 한 가지 전략을 소개하려 한다. 즉, 부탁을 하면서 아니라고 말하는 방법이다. 무언가를 거절하는 대신, 당신이 원하는 것을 부탁하는 것이다. 몇 가지 예를 통해 구체적으로 무슨 뜻인지 살펴보자.

• 당신의 열네 살짜리 아들은 자기 점심을 방으로 가지고 들어가, 거기서 혼자 밥을 먹으며 숙제를 한다. 하지만 안타깝게도 지저분한 접시를 주방으로 가져오지 않는다. 그리고 접시를 자

기 침대 밑에 밀어 넣는다. 이때 당신은 '안 돼'라는 말로 시작해 이런 행동을 원하지 않는다고 구구절절 설명하는 대신, 아이에게 바라는 행동을 부탁할 수 있다. 즉, 더러워진 접시를 주방으로 가져다 달라고 청하는 것이다.

• 당신의 상사는 동료 직원들의 별명을 지어 부르는 버릇이 있다. 그는 이미 당신을 두 번이나 '벅스 버니'Bugs Bunny라고 불렀다. 이에 침묵으로 일관하거나 흥분하며 화를 내는 대신, 당신을 제대로 된 이름으로 불러 달라고 청하며 경계를 지을 수 있다.

부탁은 아니라는 말보다 '소화하기'가 더 쉽다. 부탁에는 거절이 포함되어 있지 않다. 부탁할 때 당신은 상대가 잘못한 무언가를 말하지 않는다. 상대방을 비판하지도 않는다. 따라서 부탁은 이따금 아니라는 말의 작은 버전이 되기도 한다. 당신은 별다른 감정적·신체적 소모 없이 대화를 하며 주변 사람들에게 당신이 바라는 것을 전하게 된다. 그리고 무언가를 청하면서 당신은 상대방에게, 당신의 청을 어렵지 않게 들어줄 기회를 선사하게 된다.

✳ 대화 전략: 거절하는 대신 부탁하기 ✳

• 아니라는 말을 어떻게 부탁으로 바꿀지 고민해보자.

• "아니, 나는 그러고 싶지 않아!" 또는 "아니, 그거 하지

마!"라고 말하는 대신 상대에게 바라는 것을 청해보자.

- 당신에게 더욱 이로운 것에 집중하자. 당신의 소망과 바람을 부탁의 형식으로 표현하자. "뭐 하나 부탁해도 될까? 이것/저것 좀 그만해줄 수 있어?" "부탁이 있는데, 혹시 이것/저것 좀 해줄 수 있을까?"
- 상대방이 당신의 부탁을 들어줬을 때 고마움을 표하는 것을 잊지 말자.

여린 마음을 지닌 모두를 위한 세 단계

어쩌면 당신은 두려움을 느낄지 모른다. 타인에게 이용당하고 싶지 않으면서도, 당신의 거절의 말이 좋은 관계나 친밀한 우정에 부담을 지울까 두려울 수 있다. 주변의 누군가와 무척 잘 지내고 있지만, 당신이 아니라고 말하면 그 관계는 금이 갈지도 모른다. 당신은 당연히 이를 원하지 않는다. 아니라고 말하기가 당신에게 그토록 어려운 이유다.

혹은 당신은 선천적으로 공감 능력이 매우 높은 사람일지 모른다. 당신이 아니라고 말하면 상대방은 분명 슬픔이나 유감을 느낄 것이다. 당신은 자신이 아니라고 말하는 그 순간 상대가 받을 실망과 낙담을 피하고 싶다.

만약 당신이 이런 사례에 해당된다면 다음에 이어지는 두 개의 대화 전략이 당신의 거절의 말에 완충 장치를 더해줄 것이다.

이 전략을 통해 당신은 아니라고 말하면서도, 동시에 상대방과의 관계에서 결속을 유지할 수 있다.

여기서 가장 중요한 점은 **진정성**이다. 제시할 전략은 당신이 숨김없이 솔직하고 진심일 때 제대로 작동한다. 상대방은 당신이 진심인지 아닌지를 금방 알아차린다.

그리고 준비해야 할 것이 있다면 아니라고 말하면서도 타인에 대한 이해심을 놓지 않는 것이다. 상대방을 이해하려고 노력하면서, 동시에 원치 않는 제안이나 질문에 아니라고 말하기로 스스로 약속해야 한다. 몇 가지 사례를 살펴보자.

• 당신은 연인 혹은 배우자를 마음 깊이 사랑한다. 이 사람이 밥을 먹을 때마다 기괴한 식성을 드러내도 이를 이해할 수 있다. 그렇지만 그 식성을 따라주기를 바라는 데는 아니라고 말할 수 있다.

• 오랫동안 친하게 지낸 친구가 일을 뒤로하고 문득 멀리 떠나고 싶어 할 때 당신은 그를 진심으로 이해하면서도, 그가 서핑을 하러 하와이로 떠나겠다며 당신에게 큰돈을 빌리려 할 때 거절할 수 있다.

아니라고 말하면서도 당신은 얼마든지 타인에게 공감하고 그를 이해할 수 있다. 그런다고 당신이 약해지지는 않는다. 타인에 대한 공감과 이해는 오히려 당신을 강하게 만든다. 이는 또한 자기 자신에 대해서도 공감과 이해의 문을 열어준다. 나 자신과 나의 경계를 이해하게 된다.

✳ 대화 전략: 이해하면서도 거절하는 세 단계 소통법 ✳

- 첫 번째 단계: **마음속에 아니라는 말이 떠오르면 이를 진지하게 받아들이자.** 그리고 당신이 왜 그것을 원하지 않는지 혹은 거부하는지 이유를 분명히 해 두자. 그러면서 동시에 상대방에 대한 이해를 놓지 말자. 당신 안의 공감과 연민을 따로 떼어놓지 말자.

- 두 번째 단계: **'그래'라는 말과 '아니'라는 말을 잘 조합하자.** 당신은 상대방의 바람을 이해하면서도 그것을 충족시키지 않을 수 있다. 그의 행동을 이해하면서도 그것을 받아주지 않을 수 있다. 이해하는 것과 구체적인 행동이나 의견을 받아들이는 것은 다른 문제다.

- 세 번째 단계: 답변에 앞의 **두 가지**를 다 표현하자. 구체적으로 밝히자. 당신이 정확히 무엇을 이해하는지 확실히 정리한 다음, 그 내용을 거절의 말과 함께 전달하자. 거절한 것에 대해 사과를 하지는 말자. 물론 당신이 원한다면 아니라는 말에 설명을 덧붙여도 좋다. "너의 일(문제/서류/업무/작업)을 도와줄 사람을 찾고 있다는 건 알겠어. 충분

히 이해해. 아마 나도 그랬을 거야. 하지만 나는 널 도와줄 여유가 없어. (나는 하고 싶지 않아.) 지금 내 일로도 벅차서 말야."

많은 사람들은 상대를 이해하면서도 이 마음을 거절하는 말과 어떻게 연결해야 하는지 바로 떠올리지 못하는 까닭에 종종 허둥거린다. 내가 진행하는 코칭 프로그램이나 세미나에서 우리는 말이 물 흐르듯이 자연스럽게 나올 때까지 연습을 한다. 이때 중요한 것은 당신에게 어울리는 고유의 표현 방식을 찾아서 평소에 하듯이 (쓰거나) 말하는 것이다.

당신이 마음에 새기길 바라는 또 하나의 대화 전략은 '상대를 존중하면서 아니라고 말하기'이다. 아니라는 말을 타인에 대한 존중 및 인정과 연결하는 방법이다. 여기에서도 두 가지를 한데 묶어 말이나 글로 표현하는 것이 관건이다. 구체적인 사안에는 아니라고 말하면서도, 그 사람에 대해서는 '그래'라는 수용의 말을 전해야 한다. 즉, 관계에 대해서는 그래라는 말을, 일이나 문제에 대해서는 아니라는 말을 전하는 것이다. 이 과정 또한 세 단계로 이루어진다.

✳ 대화 전략: 존중하면서도 거절하는 세 단계 소통법 ✳
• 첫 번째 단계: **자신이 아니라고 말하고 싶어 하는지 확실히 해**

두자. 그러면서 동시에 상대방을 존중하는 마음을 잃지
말자.

- 두 번째 단계: **존중의 표현으로 시작하자.** 상대방이 당신에
게 어떤 사람인지 곰곰이 생각해보자. 어쩌면 당신은 지금
까지 그에 대한 생각을 한 번도 제대로 표현하지 않았을
것이다. 상대에 대한 내 진심을 정리한 뒤에 당신이 무엇
에 아니라고 말하고 싶은지 또는 어디까지 경계를 긋고 싶
은지 깊이 고민해보자.

- 세 번째 단계: **둘을 모두 명료하게 표현하자.** 상대방에게 좋
아한다고, 사랑한다고, 존중한다고, 소중하게 여긴다고, 혹
은 그와 함께 있는 것이 좋다고 말하자. 그런 다음 당신이
아니라고 말하고 싶은 것을 분명히 전달하자. 그리고 필요
하다면 아니라는 말에 다음과 같이 해명이나 이유를 달아
도 된다. "나는 무엇이든 너랑 함께하는 게 좋아. 너는 나
의 오랜 친구이자 가장 친한 친구이니까. 그렇지만 같이
스카이다이빙을 하자는 네 제안에 대한 답은 이거야. 아
니, 그건 같이 하고 싶지 않아. 아무리 설득해도 소용없어.
나는 절대 비행기 밖으로 뛰어내리지 않을 테니까."

주의 사항:
내면의 골칫덩이들에게 마이크를 빼앗기지 않을 것

내면의 골칫덩이들과 이들이 전하는 부정적인 생각은 의사소통에 가장 자주 등장하는 방해물이다. 이들이 발언권을 쥐었을 때 우리가 마음속 생각을 여과 없이 모두 말로 표현해버리면 곤란에 처하게 된다.

내면의 비평가를 예로 들어보자. 다들 알다시피 그의 특기는 과소평가에서 시작해 증오에까지 이른다. 우리가 불안해지거나 오해나 공격을 받는다고 느껴지면 그는 즉시 튀어나와 마이크를 잡는다. 주의하지 않으면 곧바로 그가 의사소통을 떠맡는다.

내면의 비평가뿐 아니라 감독관과 걱정 생산자도 '대화 킬러'를 만들어낸다. 대화 킬러란 자연스런 의사소통을 방해하고 다툼과 갈등을 불러일으키는 언어 표현을 뜻한다. 다음에 이어지는 표현을 살펴보며, 누군가 당신에게 이런 식으로 이야기하면 어떤 느낌이 들지 상상해보자.

비난

"너 어떻게 그럴 수가 있어?"
"중요한 건, 너는 아무렇지 않다는 거야. 내 기분이 어떨지 너는 조금도 관심이 없어."

"너 때문에 나는 항상 양보만 했어. 그런데 너는 이제 와서…"

책임 전가

"내가 …한 것은 모두 네 잘못이야."

"너 때문에 내가 이걸 다 떠안았는데, 그럼 나한테 고맙다고 해야 하는 거 아니야?"

"나는 그저 약간의 여유를 원했다고. 그런데 네가 다 망쳐버렸어."

압박하기

"너 이제 정신 바짝 차려야 해. 여긴 네가 전에 겪은 곳과는 좀 다르니까. 앞으로 너는 말이야…"

"너 계속 그런 식으로 하면 안 돼. 그러다 결국 다 엎어지고 말걸."

"내가 벌써 몇 번을 말했잖아. 너는 더 열심히 해야 한다고. 그래야 개를 중간이라도 따라가지."

불평하기

"더는 못 참겠어. 매번 나만 애쓰지."

"다들 항상 나한테 바라기만 하고, 누구도 나를 배려하지 않아."

"더는 못 하겠어. 너는 나를 너무 부려먹어. 너 때문에 나는 완전히 지쳤어."

깎아내리기

"내 말을 듣기는 하는 거야? 내가 얼마나 더 설명을 해야 알아들을 건데?"

"어쩜 이렇게 바보 같을 수가 있지?"

"네가 뭔데 이렇게 매번 까다롭게 굴어."

"너는 꼭 이기주의자의 표본 같아."

이와 같은 대화 킬러는 아마 당신뿐 아니라 다른 모든 사람들에게도 같은 반응을 불러일으킬 것이다. 바로 '저항'이다. 설령 우리의 아니라는 말이 객관적으로 완전히 옳으며 타당하더라도 그것을 내면의 골칫덩이들이 우리 입을 통해 말하도록 내버려두면 분명 상대방은 여기에 저항한다. 공격을 받았다고 느끼기에, 이어서 격렬한 다툼이 일어난다.

아니라는 말을 할 때 이런 대화 킬러가 빈번히 등장하는 이유가 하나 있다. 당신은 자신을 방해하는, 불편하게 만드는, 또는 좋아하지 않는 무언가를 멀리하고 싶어 '아니'라고 말하려는 것이

대화 킬러를 의도적으로 사용하는 사람은 없다. 우리가 할 말을 내면의 비평가가 마음대로 정할 때 무의식적으로 밖으로 나올 뿐이다.

다. 그런데 바로 이 순간, 당신 내면의 비평가는 격렬히 흥분한다. 이성적으로 반응하는 대신 비난을 쏟아내고, 질책하고, 책임을 물으려 한다. 이런 사고방식이 통제되지 않고 당신의 입 밖으로 나오면 다음과 같이 들릴 것이다. "야, 너 미쳤어? 그 냄새 나는 치즈 빵을 이렇게 비좁은 사무실에서 먹다니! 그 고약한 냄새 때문에 토할 것 같아. 너 정말 제멋대로구나. 다른 사람에 대한 배려가 전혀 없네! 너 때문에 여기서 일을 할 수가 없잖아."

어쩌면 치즈 빵을 사랑하는 그 동료 직원 또한 마찬가지로 흥분해서 답을 할지 모른다. 이런 언쟁은 소통 과정에서 아무런 경계가 작동하지 않은 탓에 벌어진다. 모든 언쟁은 양측의 골칫덩이들이 생각의 주도권을 빼앗아 각자의 공격을 크게 말로 표현한 결과다. 이는 서로에게 큰 상처를 남긴다. 그러면 원래의 의도, 즉 '아니라고 말하기' 또는 '경계 짓기'는 완전히 물거품이 되고 만다.

바로 그런 까닭에 골칫덩이들을 의식적으로 알아차리고 이들에게서 거리를 두는 것이 중요하다. 그래야만이 당신은 아니라는 말을 주체적으로 표현할 수 있다. 다툼이나 갈등을 자극하지 않으면서.

✳ 나의 조언 ✳

상대방에게 아니라고 말하기 전에 다음 질문을 간단하게

살펴보자. 머릿속에 어떤 생각이 떠올랐는지 확인하자.

- 당신은 지금 흥분했는가?
- 당신은 화가 났는가?
- 당신은 속으로 욕을 하고 있는가?
- 다르게 묻는다면, 당신의 머릿속은 지금 내면의 비평가 또는 감독관에게 지배당했는가?

내면의 골칫덩이들을 인식했다면 당신은 이들이 만들어내는 생각의 흐름에서 벗어날 수 있다. 이로부터 어떻게 빠져나오는지 당신은 알고 있다.

- 골칫덩이들에게 다정하게 인사를 건네며, 정보를 주어서 고맙다고 말하자.
- 숨을 깊이 들이마시고 내쉬면서 부정적인 생각의 흐름을 밖으로 내보내자.
- 그런 다음 다른 사람에게나 자신에게 상처 주지 않고 어떻게 경계를 표현할 수 있을지 깊이 생각해보자. 이 책에 나오는 여러 효과적인 전략의 도움을 받아, 당신은 내면의 비평가가 쏟아내는 말을 입에 담지 않고 아니라고 말할 수 있다. 의사소통을 막는 대화 킬러를 사용하지 않으면서 얼마든지 효과적으로 경계를 지을 수 있다.

정말 중요한 일에 '아니'라고 말할 때

당신에게 그리고 상대방에게 매우 중요한 영역이 있다. 가정사, 자녀 교육, 재정 관리, 종교적 신념, 정치적 지향 같은 것들이다. 이런 주제를 두고 아니라고 말해야 하는 경우 대화를 미리 준비해보자. 준비는 그리 오래 걸리지 않는다. 연습만 하면 몇 분 안에 끝난다. 대화를 미리 준비하면 당신은 다섯 가지 이익을 얻는다.

• 말에 안정감이 생긴다.
• 말에 설득력이 생긴다.
• 말투와 억양은 더 침착해지고 확고해진다.
• 내면의 비평가가 주도권을 잡지 못하도록, 대화가 벽에 부딪히지 않도록 막을 수 있다.
• 자신에게 어울리고 상대방에게도 적절한, 올바른 표현을 찾을 수 있다.

예민하고 중요한 일에 아니라고 말하기 위해 대화 준비를 할 때, 자신에게 몇 가지 질문을 던져보자. 필요하다면 질문에 대한 답도 적어보자. 기록을 하면 당신은 무엇이 자신에게 의미 있는지 다시 한 번 확인하게 된다. 그리고 이를 깊이 새기면 내면에 더욱 강한 힘이 생겨난다.

연습 노트:
더 수월하게 '아니'라고 말하기 위한 준비

당신은 왜 아니라고 말하고 싶은가? 혹은 왜 경계를 짓고 싶은가?	여기에 이유를 적어보자.
아니라고 말하는 데 당신에게 어울리는 표현에는 무엇이 있는가?	당신이 편안하게 느끼는 다양한 거절의 표현을 여기에 기록해보자.
당신은 상대방을 이해할 수 있는가? 그리고 당신의 이해를 말로 표현할 수 있는가? 상대방에 대해 존중을 느끼는가? 당신은 그와의 관계를 중요하게 여기는가? 그렇다면 이를 어떻게 표현하고 싶은가?	구체적으로 어떤 단어로 상대에 대한 당신의 이해를 표현할지 적어보자. 또는 상대에 대한 존중을 어떻게 말이나 글로 표현할지 정리해보자.

대화 상대와 만나기 전에 작성한 표를 미리 살펴보자. 당신이 말하고 싶은 것을 명료한 문장으로 정리했는가?

이따금 대화는 뒤죽박죽 엉키거나 제자리를 맴돌지 모른다. 상대방이 행간을 읽어 가며 당신이 말하려 하는 바를 애써 파악하게 만들지 말자. 당신의 경계와 거절의 뜻을 간명한 문장으로 표현하자. 모호한 암시 대신 명확한 표현으로 전달하자. 특히 중요한 것은 당신이 아니라고 말할 권리가 있음을 스스로 확신하는 것이다. 확신에 찬 상태는 당신을 안정적으로 보이게 만든다.

여기서 당신이 '아니'라고 말하는 데 도움이 될 두 가지 대화 전략을 소개하려 한다. 이들 둘은 상호보완적이다. 첫 번째 전략은 당신이 자신감을 발산하도록 도와주며, 두 번째 전략은 당신이 아니라고 말할 때 일어날지 모를 언쟁과 갈등을 막아준다.

✳ 대화 전략: 가뿐하게 거절하는 대화의 태도 ✳

- 자신감을 드러내자. 허리를 꼿꼿이 세우고, 당당하고 품위 있는 자세를 유지하자. 등허리를 길게 펴고 서거나 앉는다. 팔이나 다리를 꼬지 않는다. 옷이나 장신구, 손목시계나 머리카락을 만지작거리지 말자.

- 차분한 목소리로 말하자. 바로 요점을 언급하자. 주저하며 말을 돌리지 말자.

- 내면의 비평가가 대화에 끼어들지 않도록 신경을 쓰자. 전투 자세 없이, 비난 없이, 과장 없이 말하자.

- 당신의 아니라는 말 혹은 경계를 흔들림 없이 침착하게 말하자. 마치 상대방에게 오늘 날짜와 현재 시간을 불러주듯이 말이다.

- 상대방의 반응을 허락하자. 그가 감정적이 되더라도, 당신에게 맞서더라도, 그리고 당신을 바꾸려 시도하더라도 상관없다. 당신은 끈질기게 아니라는 말을 반복해도 된다. 즉각 받아들여지지 않더라도, 혹은 상대가 곧장 이해하지 못하더라도.

• 어쩌면 당신은 자신이 왜 아니라고 말하는지 또는 왜 경계선을 긋는지 상대방에게 설명하는 과정이 필요하다고 느낄지도 모른다. 당신에게 지금 무슨 일이 벌어지고 있는지 상대가 알아야 둘의 관계가 더 나아질 거라 생각된다면 해명을 덧붙여도 된다. 하지만 상대에게 이해를 바라지는 말자. 설령 그가 당신을 이해하지 못하더라도, 당신은 얼마든지 아니라고 말하며 경계선을 그을 수 있다.

✳ 대화 전략: 거절 뒤에 오는 다툼을 막는 법 ✳

• 지금 당신의 기분이 어떤지 신중하게 살펴보자. 내면에 불안이 있음을 의식하고 그 불안에서 벗어나면 당신은 훨씬 더 효과적이고 설득력 있게 거절의 말을 할 수 있다.

• 사랑과 연대, 존중의 바탕 위에 올라서자. 거기서 당신은 진정한 자아와 긴밀하게 연결된다. 그러면 당신의 골칫덩이들은 한동안 방송을 멈출 것이다. 진정한 자아와 연결되면 차분하게 귀담아듣고 결연한 말투로 표현하는 것이 더욱 쉬워진다.

• 당신의 경계, 의도와 관심사에서 벗어나지 않으면서, 상대방의 관점에서 한번 생각해보자.

• 말을 길게 돌리지 말고 명료한 문장으로 표현하자.

• '아니'라는 말이 받아들여지지 않으면, 상대방의 견해가

당신과 다를 뿐이라고 생각하자. 이에 맞서 싸우지 말자.

• 인내하며 기다리자. 세상의 많은 것들은 단번에 바뀌지 않는다. 대화를 더 이끌어 갈 준비를 하자.

• 상황이 점점 '추해'진다면, 당신 또는 상대방이 지나치게 공격적이 된다면, 날카로운 말로 서로에게 상처를 주기 전에 대화를 중단하자. 주고받던 대화 또는 이메일은 두 사람이 모두 안정을 찾고 나서 다시 이어 가도록 하자.

• 다른 사람의 저항에서 벗어나려 하지 말자. 당신이 원하는 것을 끈질기게 지켜도 괜찮다. 물론 흥분하거나 분노하지 않는 게 핵심이다.

다른 사람의 내면에도 신랄한 비평가가 있다

머릿속을 떠돌아다니는 내면의 비평가에 대해 잘 알게 되었다면 이제 당신은 준비를 마쳤다. 당신은 주변 사람의 내면의 골칫덩이들도 알아볼 수 있다. 상대방이 당신을 공격할 때, 비난할 때, 여과 없는 말로 당신에게 상처를 줄 때, 그 순간 누가 말을 하는지 당신은 알고 있다.

내면의 비평가가 언제, 어디에서 나타나 말을 하기 시작하는지 당신은 알고 있다. 소셜 미디어에 종종 올라오는 혐오 가득한

댓글에서, TV 리얼리티 쇼의 참가자들이 격하게 싸우며 서로를 깎아내리는 장면에서 당신은 그의 말이 들린다.

바깥을 향해 목소리를 높이는 내면의 비평가는 특히 다른 사람의 내면에 있는 비평가를 자극한다. 이런 자극은 두 가지 결과로 나타난다. 타인 내면의 비평가에 동조하거나, 맞서 싸우거나.

먼저 동조에 대해 이야기해보자. 두 사람의 내면에 있는 각 비평가가 서로 동조하면 둘은 손을 잡고 함께 일을 한다. 상대방이 이웃이나 정치, 의료보험 체계나 교통 체계에 대해 불평을 늘어놓는다고 가정해보자. 그러면 타인의 비평가에 자극을 받은 당신의 비평가도 찬성을 표하며 같은 의견을 낸다. 두 비평가는 서로를 강화하며 긴밀하게 연결된다. 상당수의 사람들은 거의 항상, 이처럼 비평가의 불평불만 수준에서만 이야기를 나누며 '좋은' 관계를 유지한다. 한 사람이 분노하며 욕을 하면 다른 사람이 맞장구를 치며 동참한다. 그러면서 강해지는 느낌을 받는다. "우리는 생각이 같아, 왜냐하면 우리는 같은 문제에 공감해 함께 욕을 했으니까."

하지만 상대방 내면의 비평가는 당신을 조준하여 공격할 수도 있다. 상대방이 당신에게 원하는 것에 대해 당신이 경계를 그었을 때다. 의견이 같다고 믿었던 상대가 가하는 공격은 특히나 고통스럽다.

공격을 차분하게 다루는 법

그래도 걱정할 필요는 없다. 당신은 예민해지거나 화를 내지 않고도 이를 얼마든지 잘 다룰

● 내면의 비평가는 직접적인 비난으로 사람을 공격할 수도 있으나, 상대를 웃음거리로 만들어 공격하기도 한다.

수 있다. 여기서는 타인의 비평가에게 휩쓸리지 않는 데 필요한 몇 가지 조언을 건네려 한다. 이들은 세 개의 층위로 되어 있으며 간단하게 정리하면 다음과 같다.

1. 상대와 거리를 유지하고, 비평가의 공격에 휩쓸려 들어가지 말자.
2. 상대방과 같은 수준으로 떨어지지 말자.
3. 머리를 차갑게 유지하며 객관적으로, 차분하게 대화를 이어가자.

타인의 날카로운 공격에서 나를 지키는 최고의 조언

• 당신 고유의 영역에 머무르자.

명심하자. 당신은 내면의 비평가 하나로만 이루어진 사람이 아니다. 다른 사람도 마찬가지다. 당신처럼 상대방에게도 진정한 자아가 있지만 안타깝게도 지금 이 순간 그는 발언권을 쥐지 못했다. 당신은 다른 사람의 내면에 자리한 비평가에 대해 아무런 권한이 없다. 당신은 그저 자신이 생각하고 말하는 것에만 책임

161

이 있다. 다른 사람이 생각하고 말하는 것은 그 사람 고유의 영역에 속한다.

• 당신 내면의 비평가를 돌보고 신경 쓰자.

바깥에서 들어온 공격은 당신 내면의 비평가를 자극한다. 내면의 비평가가 활동을 시작하면 당신은 화가 나고 궁지에 몰린 느낌이 든다. 그러면 비평가가 바깥의 공격에 반격을 가하며 당신 입에서 나올 말을 결정할 위험이 생긴다. 두 내면의 비평가가 서로를 공격하며 벌이는 싸움은 양측 모두에게 정신적 고통을 남기는 치명적인 결과를 초래한다. 비평가가 날선 말을 내뱉지 않도록, 그가 활동하려 한다는 것을 깨닫고 대화의 주도권을 놓치지 말자.

• 무엇을 당신 안에 들일지는 오로지 당신만 결정할 수 있다.

상대가 전하는 것은 '제안'일 뿐이다. 다른 사람의 제안이 당신에게 해롭거나 상처가 되거나, 혹은 거슬리거나 불편하다면 당신은 이를 거부할 수 있다. 당신이 원하지 않는다면 이 제안을 자기 영역 안에 들이지 말아야 한다.

• 당신이 상대방의 공격적인 행동을 주시하고 있음을 간결하게 전하자.

당신이 상대방의 폭력적 행동이나 언사를 아무런 불만 없이 모두 받아들이고 있지 않다는 것을 보여주자. 간단한 피드백을 해서 무엇이 적절하지 않은지 표시를 해 두는 것이다. "어, 그건 공격처럼 들리는데!" 또는 "방금 그 말은 사실과 달라."처럼 말이다.

• **주고받는 대화를 사실에 바탕을 두는, 객관적인 수준으로 이끌자.**

당신은 대화를 조종할 수 있다. 감정이 아닌 사실을 기준으로 삼는 대화를 이끌 수 있다. 예컨대 다음과 같은 표현을 사용하는 것이다. "우리 객관적인 사실만 이야기하는 거 어때. 서로 감정이 다치지 않으면 좋겠어." 또는 "나는 이 모든 걸 차분하게 이야기하고 싶어. 사실을 가지고 얘기해보자. 우리 둘 다 그랬으면 좋겠는데, 네 생각은 어때?"

'우리'라는 표현을 사용하면 객관성 유지에 당신이 힘쓰고 있음을 드러내면서 상대방도 같은 목표로 초대하게 된다. 이때 중요한 것이 하나 있다. 상대방의 비평가가 지닌 부정적인 에너지가 당신에게 전해지게 해서는 안 된다는 것이다. 즉, 경계를 단단히 짓고 같은 배를 타야 한다.

• **파도가 일면 침착함과 평온함을 발산하려 애쓰자.**

대화를 하기 전에 잠깐이나마 깊이 생각할 시간을 내자. 당신의 표현이 공격적이지 않은지, 객관적인지 점검해보자.

천천히 이야기하자. 기민하게 빈틈없이 말하려고 노력하지 말자. 차분한 억양과 부드러운 말투로 말하자.

가능하면 상대방을 존중하고 있음을 말로 표현하자.

당신이 자신감 있게 침착함을 유지하며 객관적인 태도를 유지하면, 상대방 내면의 비평가도 잠잠해질 수 있다.

• 그럼에도 계속 공격을 받는다면 마지막 체크를 하자.

만약 대화 상대가 여전히 객관성을 잃고 당신을 공격하고 무시한다면, 다음의 세 가지 이유에 해당되는지 점검해보자.

1. 상대방이 당신과 대화로 문제를 해결하길 바라지 않을 수 있다. 그저 비난과 욕설만 하길 원하며, 실제로 대화를 나눌 의사가 없는 사람들이 종종 있다. 이들은 모든 걸 받아주는 누군가가 필요할 뿐이다. 대화를 나눌 마음이 없는 사람과는 이야기를 이어 갈 필요가 없다. 물론 이때 당신은 상대방에게 대화를 나눌 의향이 있는지 직접 물어볼 수 있다. 단도직입적으로 물으면 솔직한 답을 얻을지도 모른다.

2. 마찬가지로 당신 또한 상대와 정말 대화를 나누고 싶은지 생각해보자. 어쩌면 당신은 진지한 대화가 피곤하게 느껴져서 내적으로 이미 닫혔을지 모른다. 대화에 '신물이 난' 마음이 밖으로 드러난 것이다. 상대방과의 교류가 객관성을 잃을 때에만 제대로 작동하는 까닭에, 당신은 그를 공격하면서 놀이처럼 가벼

운 관계에만 머무는 것인지 모른다. 이를 바로잡으려면 자기 자신에게 솔직해져야 한다. 그러면 바깥을 향해서도 진솔해질 수 있다. 말을 하지 않아도 괜찮다. 어쩌면 당신은 말 대신 일종의 '작전 타임'이 필요할지 모른다. 생각을 다시 명료하게 이어 갈 수 있도록 잠시 침묵해도 좋다.

3. 두 사람이 모두 완전히 교착 상태에 빠져 있을 가능성도 있다. 종종 사람들은 사실과 상관없는 것을 붙들고 늘어지곤 한다. 대화를 하는 두 사람은 치열하게 싸우고 있으나, 둘 중에 누구도 내면의 지혜에 기대지 않으며, 다툼을 멈추려고도 하지 않는다. 이를 끝내야 한다. 상대방에게 말하자. 이런 식으로는 대화가 절대 제대로 이루어지지 않는다고. 당신은 이 싸움을 미룰 수 있다. 멈출 줄 모르는 설전 속에서 당신은 자기 인격의 지혜로운 부분으로 시선을 돌려 이 다툼을 멀리서, 말하자면 위에서 조감해야 한다. 거리를 두고 바라보면 어디에 여유 공간이 있는지, 당신에게 어떤 가능성이 있는지 알게 된다. 또한 당신이 바꿀 수 없는 것도 보일 것이다. 언쟁을 잠시 미루었다가 재개할 때 '사실에 바탕을 둔 객관적인 대화를 하자'는 규칙을 정하고 무슨 일이 있어도 이 규칙을 지키도록 하자.

상대의 마음을 여는 침착함과 객관성

당신은 다른 사람의 머릿속에 있는 골칫덩이들을 없애거나 이들로부터 상대방을 해방시킬 수 없다. 이 작업은 오로지 상대방이 직접, 혼자서 할 수 있다. 하지만 당신은 침착하고 객관적인 태도를 통해 다른 사람에게 영

당신 앞에 있는 사람이 지금과는 달라야 한다고 생각한다면 누가 이런 생각을 속삭이는지 살펴보자. 당신 내면의 감독관이 자기만의 원칙으로 상대를 공격하는 것일지 모른다.

향을 끼칠 수 있다. 당신의 침착함과 평온함은 상대방에게 이런 메시지를 전한다. "이거 봐, 목소리를 높이지 않고 문제에 대해 차분하게, 이성적으로 이야기하는 것도 얼마든지 가능해." 당신에게서 발산되는 이런 긍정적인 분위기는 상대방의 진정한 자아가 일어나도록 자극한다. 이것 하나로도 놀라운 일이 벌어질 수 있다. 우리 모두는 타인에게서 다정하게, 호의적으로 대해지고 존중을 받기를 내면 깊이 소망하기 때문이다. 특히 기분이나 상황이 별로 좋지 않을 때 한 사람이 보이는 차분한 태도는 더 큰 자극이 된다. 당신은 상대에게서 변화를 끌어낼 수 있다.

세상의 모든 별난 사람들을 차분하게 다루는 법

우리 주변의 세계와 사람들은 우리가 원하는 대로 흘러가지 않는다. 우리는 이런저런 다양한 유형의 사람들과 섞여 살아간다. 멋진 사람들 틈에 몇몇 별난 이들이 섞여 있으며, 가족 구성원들

도 덩굴처럼 얽혀 있다. 일터에도 나름의 그늘진 면이 있다. 동료들은 인류 진화의 모든 단계를 대표하듯 각양각색이다.

당신을 방해하거나 화나게 만드는 것 중 일부는 당신이 바꿀 수도 있으나, 다른 몇몇은 아마 그러지 못할 것이다. 거의 모든 일터, 가족, 이웃 그리고 친구 무리 안에는 신경에 거슬리거나 방해가 되는 무언가가 꼭 있다. 다시 말하면 우리에게 거슬리거나 방해가 되는 존재는 삶을 구성하는 성분이다. 하지만 그렇다고 해서 당신이 이것에 당연히 시달려야 한다는 뜻은 아니다. 이로 인해 지속적으로 상처받지 않도록 당신은 자신을 돌볼 수 있다.

비 오는 날씨를 싫어한다 해도 내 마음대로 날씨를 바꿀 수는 없다. 밖으로 나가기로 결심했다면 우리는 비에 젖지 않을 방법을 찾는다. 우리는 우산을 쓰고, 우비를 입어 비로부터 자신을 보호한다. 계속 비가 내려도 빗방울은 당신을 젖게 하지 못한다.

이와 마찬가지로 당신은 정신적인 측면에서 자신을 보호할 수 있다. 즉, 우산과 같은 기능을 하는, 보이지 않는 '방패'를 하나 드는 것이다. 어딘가에 내려놓고 잊어버리기 십상인 우산과 달리, 방패는 언제나 당신 곁에 있다는 장점이 있다. 방패는 당신이 거슬리고 방해가 되는 것으로부터 거리를 두도록 도와준다.

예를 들어 당신의 신경을 종종 건드리는 가족이 있다고 생각해보자. 당신은 가족 모임에 초대를 받았다. 모임에서 가족들 모두 당신을 보고 반가워한다. 그런 다음 기다렸다는 듯이 공격이 시작된다. 동생은 당신더러 전보다 살이 올랐다고 잔소리를 하며 당신을 귀찮게 한다. 당신이 선택한 직업을 이해하지 못하는 아버지는 여전히 당신을 못마땅하게 여긴다. 어머니는 걱정스런 목소리로, 진지하게 만나는 사람이 생겼는지 묻는다. 계속 싱글로 지내기엔 나이가 적지 않다고 말이다. 손위 형제는 당신을 '루저'라 부른다. 그리고 그는 어머니를 위해 이 단어를 친히 '패배자'라 번역해 전한다.

당신은 가족 모임에 가지 않을 수도 있다. 모두가 다 '틀렸다'고 말하며 가족을 다시 만나지 않는 것이다. 혹은 모임에 참석해서 가족들의 말에 빈틈없이 반격을 하고 치열하게 싸우면서 당신의 자기 가치감을 지킬 수도 있다. 하지만 이보다 훨씬 쉬운 길도 있다.

즉, 가족이라는 '관계'에는 '그래'라고 말하면서, 이들 각각과의 소통에는 '아니'라고 말하는 것이다. 아니라는 말과 그래라는 말을 한데 묶어 당신만의 방패로 삼으면, 상처와 고통으로부터 자신을 보호할 수 있다.

가족 모임에 가면 당신은 가

●

당신이 유독 어려워하는 사람들과 대화를 이어 가려면 어떻게 해야 할까? 최선의 방법은 **방패**를 드는 것이다. 당신이 의식적으로 자신을 보호하면 내면의 골칫덩이들이 당신을 보호하겠다고 나설 필요가 없어진다.

족에게 '그래'라고 말하게 된다. 가족을 있는 그대로 받아들이는 것이다. 그러면서 동시에 가족들이 이야기하는 모든 것을 수용하지는 않을 수 있다. 전에 당신을 자극했던, 당신에게 타격을 주었던 것은 방패로 막아내자. 받아들이지도 말고, 끌려 들어가지도 말고, 붙들고 늘어지지도 말자. 당신의 신경을 건드리는 몇몇 발언에 아니라고 확실히 말하자. 싸우지 않아도 된다. 그리고 당연히 방어할 필요도 없다.

즐겁고 유쾌한 모든 것, 맛있는 음식을 나누며 가족과 함께하는 지금 이 순간을 감사하며 받아들이자. 그러면서 다른 한편으로 불편하고 불쾌한 모든 것은 당신의 방패로 막아내자.

당신에게는 무엇이 유쾌하며 또한 무엇이 불쾌한가?

방패는 당연히 일터에서도 도움이 된다. 직장에서 몇몇 동료들과 점심시간을 보낸다고 상상해보자. 평소 당신과 친하게 지내는 한 동료는 당신에게 계속 조언을 건네는 습관이 있다. 그는 당신이 무엇을 먹어야 하는지, 얼마나 많이 먹어야 하는지, 어떤 영양소가 필요한지, 당신에게 독이 되는 음식은 무엇인지를 끊임없이 말한다. 게다가 당신이 한참 식사를 즐길 때 잔소리를 늘어놓는다. 물론 당신은 그의 조언에 아니라고 말하며, 다 먹고 밖에서 이야기하거나 다른 이야기를 하자고 부탁할 수도 있다.

하지만 아니라는 말을 그렇게 많이 할 필요는 없다. 이런 상황은 방패를 이용하는 법을 익히기에 아주 좋은 기회이다. 잔소리꾼 동료는 그가 하고 싶은 대로 떠들어도 된다. 우리는 표현의 자유가 있는 나라에 살고 있으니까. 게다가 그 동료가 말하는 것들, 모든 의사소통은 하나의 제안일 뿐이다. 당신은 식습관에 대한 그의 평을 받아들이지 않아도 된다. 그러면 그의 온갖 평은 탁구대에 떨어진 탁구공처럼 당신의 방패에 맞고 튀어 나간다. 방법은? 그가 말하는 동안 긴장을 내려놓고 여유로움을 유지하면 된다. 괜찮다면 입가에 잔잔한 미소를 지어 보이자. 물론 애써 노력할 필요는 없다. 그러다 언젠가 상대가 조용해질 것이다. 왜냐하면 그는 당신의 반응을 기다리고 있기 때문이다.

그럼 이 다음에 무엇을 해야 할까?

당신도 자유롭게 자신에게 어울리는 것을 행하거나 말하면 된다. 아무 말 없이 점심 식사를 즐기거나, 주제를 바꾸어 요즘 당신의 관심사에 대해 이야기하면 된다. 그리고 원한다면 당신이 왜 이런 반응을 보이는지 설명을 덧붙여도 좋다. 당신이 내면에 새로 마련한 방패에 대한 정보를 전달하는 것이다.

편안하고 유쾌하고 흥미로운 모든 것을 열린 자세로 받아들이자. 소통의 방패로 당신은 아니라는 말과 그래라는 말이 동시에 존재하는 현실을 경험할 수 있다. 일단 눈앞의 현실로 들어가자. 그러면 당신은 '그래'라고 말하며 당신이 수용한 여러 상황을 경험하게 된다. 회의나 논쟁에 참여하고, 손님이나 고객을 만난다. 그리고 이런 상황 속에서, 당신에게 유익하지 않은 것으로부터 자신을 보호하자. 당신을 자극하고 선동하며 화나게 만드는 모든 것을 당신의 방패로 막아서 튕겨내자.

✳ 전략: 안전하다는 감각을 주는 내면의 '방패'를 상상하기 ✳

- **당신의 방패는 상상력의 도움을 받아 생겨난다.**

당신이 두툼한 투명 아크릴 원반 뒤에 서 있다고 상상해보자. 이 원반은 당신이 필요한 만큼 커진다.

- **다른 사람의 에너지와 감정이 당신의 시스템에 침입하지 못하게 하자.**

당신은 모든 것을 보고 들을 수 있다. 하지만 다른 사람이 말하는 것이 당신의 마음에 타격을 입혀서는 안 된다. 방패를 세우면 당신은 보호를 받는다.

- **당신의 방패는 단련할수록 더욱더 강해진다.**

일상적이고 크게 위협적이지 않은 상황에서 방패 세우기를 훈련해보자. 투명한 방패가 당신 앞에 있다고 상상하고 마트나 식당, 전철이나 버스 혹은 사무실로 들어가자. 방패 뒤에서 더 용감해진 당신은 다른 사람에게 무언가를 부탁하는 것이 평소보다 훨씬 수월하다고 느낄 것이다. 누군가가 당신에게 아니라고 말하더라도 전혀 개의치 않게 된다. 왜냐하면 당신은 방패로 철저하게 보호받고 있기 때문

이다.

• 방패 뒤에서 긴장 없이 여유롭게 머무르도록 하자.

상상으로 만들어낸 이 투명 방패는 들기에 무겁지 않아 당신에게 방해가 되지 않는다. 당신의 방패는 모든 외부 자극에서 당신을 막아준다. 소나기가 내리는 날 우산 밑에 서는 것처럼 당신을 보호한다.

보이지 않는 방패를 상상하는 것이 처음에는 이상하게 느껴질 수 있다. 하지만 연습을 조금만 하면 내면의 습관으로 자리 잡고, 이내 당신은 보호를 받는 데서 오는 안정감 있는 태도를 의식적으로 갖추게 된다. 당신을 보호해주는 이 내면의 태도는 바깥에서 일어나는 일이 모두 영향을 끼치지는 못하도록 거리를 두는 태도다. 부담스럽거나 고통스러운 일이 벌어지면 그것과 멀찍이 거리를 두자. 이를테면 뷔페에 가서 무엇을 먹고 또 먹지 않을지 고르듯이 말이다. 당신은 좋아하지 않는 음식과 싸우지 않는다. 또한 좋아하지 않는 음식에 대해 항의하거나 불평을 표하지도 않는다. 입에 맞지 않는 음식은 당신에게 아무런 해를 가하지 않는다.

당신을 둘러싼 바깥 세계에선 당신에게 부담이 되는, 심지어 해롭기까지 한 일이나 사건이 이따금 일어난다. 당신에게 부적절하거나 해로운 것을 모두 없애버릴 수는 없다. 하지만 이를 당신의 머리 또는 가슴에 들이지 않을 수는 있다. 당신의 마음에 드는 것에 초점을 맞추자. 나머지는 당신을 비껴가게 두자.

물론 당신의 방패도 한계가 있다. 우산처럼. 돌풍을 동반한 폭우 속에서 우산은 제 기능을 하지 못한다. 누군가 당신에게 학대나 모욕 또는 신체적 폭력을 가하려 한다면, 당신은 분명하게 아니라고 말하는 것과 더불어 아주 적극적으로 경계선을 그어야 한다.

경계를 밀고 들어오는 사람에게 내보이는 최후의 정지선

이 책에 실은 전략은 대체로 일상에서 경계를 짓는 법을 주로 다룬다. 그러나 살다보면 극단적인 상황에 처하기도 한다. 다른 사람이 당신의 경계를 심각하게 침범하는 상황, 즉 법적 처벌도 가능한 경우를 뜻한다. 예를 들어 집단 괴롭힘이나 스토킹, 협박이나 위협 또는 성적 추행을 당하는 경우 등이다.

이런 종류의 경계 침범은 곧바로 막는 것이 중요하다. 절대 타협이나 양보를 해서는 안 된다. 단호한 태도를 통해, 당신에게 상대를 더는 이해해줄 여지가 없음을 분명히 보여주어야 한다.

경계를 심각하게 침범한 사람에게는 평소보다 더 크고 결연한 목소리로 말해야 한다. 상대의 말에 답을 할 필요는 없다. 상대방의 행동에 제한하여 그가 무엇을 했는지 선명하게 표시해 알리자. 벌어진 일에 이름을 붙이자. 말하자면 다음처럼 표현할 수 있다. "방금 하신 그 말씀은 모욕(성추행, 위협, 협박)입니다."

괜찮다면 상대방에게 해당 발언이나 행동을 당신이 어떻게 처리할 것인지 말해도 된다. "저 경찰에 고발할 거예요." 아니면 "이 일을 노사협의회(직원협의회, 이사회, 개인 변호사)에 알리겠습니다." 이런 말을 통해 당신은 상대방에게 당신이 사용할 수 있는 '무기고'가 있음을 보여주게 된다.

어떤 경우든 가능하면 주변의 도움을 받자. 혼자 감당하지 말자. 피해자 구호 기관에 연락해 조언을 구하는 것도 방법이다.

그리고 부디 당신 내면에 있는 아니라는 말을 삼키지 말자. 바깥으로 표현하고, 크게 말하자. 명확하고 엄격하게 경계를 짓자. 이런 일이 반복되지 않도록 당신에게 주어진 권한 안에서 할 수 있는 모든 것을 하자.

분노를 유익하게 이용하는 법

우리가 경계를 지으려는 주된 이유 중 하나로 분노가 있다. 불쾌하고 불편한 것을 억지로 수용하고 싶어 하는 사람은 없다. 이런 감정은 지속되면 결국 화를 자극한다. 이 감정은 당신 내면이 어딘가 조화를 이루지 못하고 있다는 신호이다. 더 분노하지 않기 위해, 불쾌한 것을 더는 받아들이지 않기 위해 우리는 경계를 짓는다.

여기서는 감정을 어떻게 다루어야 하는지 전하려 한다. 특히 분노라는 감정이 주도권을 빼앗아 당신의 소통을 가로막지 못하도록, 분노를 가라앉히는 방법에 대해 알아보려 한다.

감정이란 내면의 상태를 알리는 귀중한 신호이다. 하지만 감정은 명령이 아니다. 감정이 전하는 듯 보이는 것을 그대로 따라서는 안 된다. "정말 화가 나. 그를 죽이고 싶어." 이런 생각이 머릿속에 들면, 곧이어 당신은 자신이 얼마나 분노했는지 느낀다. 하지만 그렇다고 해서 감정이 말하는 것을 그대로 따라 상대방에게 해를 가해서는 안 된다.

분노와 같은 내면의 감정은 그저 신호일 뿐이다. 감정은 당신이 무엇을 말해야 하는지, 어떻게 행동해야 하는지 명령하지 않는다. 당신은 자기 결정권이 있는 인간이다. 감정을 어떻게 다룰지 스스로 선택할 수 있다. 안에서 요동치는 것을 있는 그대로 느끼고 받아들이자. 그러면서 무엇을 말하고 싶은지, 쓰고 싶은지, 행하고 싶은지는 직접 결정하자.

화가 날 때 당신은 무엇을 할 수 있을까?

• 자신의 감정을 말이나 글로 정리해서 상대방에게 표현할 수 있다. "그건 나를 화나게 했어." 또는 "나는 그런 말에 (행동에) 화가 나."

- 아니면 그 감정을 단순히 느끼는 방법도 있다. 그러면서 분노가 당신 안에서 차차 사라질 때까지 기다리는 것이다. 일단 내면을 차분하게 가라앉히고 나서, 무엇이 적절하고 이성적인지 판단하자.
- 또는 분노의 감정을 수용하며 상대에게 즉시 반응을 보일 수도 있다. 예컨대 자신이 분노하고 있음을 느끼면서도 대화의 목적을 뚜렷하게 상기하며 이를 이어 나가는 것이다. 이때 분노의 감정이 절대 머릿속을 장악해서는 안 되며 당신의 말투나 단어 선택에 영향을 끼쳐서도 안 된다.
- 조용한 장소를 찾는 것도 하나의 방법이다. 혼자 화를 내며 발을 구르거나 고함을 치거나 얼굴을 찡그릴 수 있는 곳을 찾아가 거기서 분노에 담긴 힘을 풀어버리자.

감정을 부정하지도 말고 억누르지도 말자. 모든 감정을 있는 그대로 느끼자. 그러고 나서 당신에게 도움이 되는 선택을 하자. 지금 당신에게 그리고 상대방에게 무엇이 적절한지 결정하자.

당신도 나처럼 쉽게 흥분하고 감정을 잘 통제하지 못하는 사람이라면, 당신을 위해 특별히 다른 전략을 준비했다. 바로 **잠시 멈추는 전략**이다. 이 방법은 분노뿐 아니라 순간적으로 '이성을 잃게' 만드는 질투심이나 모욕감 같은 다른 감정에도 도움이 된다.

함께 코칭 프로그램을 진행하는 동료 크리스티안이 어느 날 내게 하소연을 했다. "팀장으로서 프로그램과 관련해 한마디 해도 될까요. 다름이 아니라 저희 팀의 동료 하나가 일을 하면서 실수를 자주 저질러요. 저는 우리 프로그램의 구호대로 차분하고 객관적인 태도를 유지하려고 노력하는데, 그럼에도 그가 자신의 실수를 인정하지 않을 때면 절로 화가 나요. 그것도 모자라 그 사람, 자기 실수를 제 탓으로 돌리려고 해요. 정말 미칠 것 같아요. 한 대 치고 싶을 정도라니까요! 제 목소리는 커지고, 그에게 충고를 하기 시작하죠. 하지만 제 말은 먹히지도 않아요. 그 사람은 저를 비웃으면서 제가 마치 자기 어머니 같다고 말해요. 그 말에 완전히 돌아버릴 것 같아요! 제 분노를 어떻게 가라앉혀야 할지 도저히 모르겠어요."

크리스티안은 자신의 분노로 무슨 대가를 치렀는지 스스로 깨달았다. 그의 동료는 크리스티안이 감정을 통제하지 못하는 사람인 듯 보이게 만들었다. 크리스티안은 자극에 쉽게 흥분하는 사람이었고, 분노로 인해 궤도에서 이탈하고 말았다. 대화 속에서 그는 맥락을 잃어버렸고, 동료는 이를 유리하게 이용했다.

우리는 먼저 크리스티안의 분노가 어디에서 왔는지 함께 탐색했다. 그의 분노는 동료가 저지른 실수 때문이 아니었다. 분노의 원인은 크리스티안 내면의 비평가였다. 그의 머릿속을 차지한 비평가가 흥분을 하며 화를 낸 것이다. 왜냐하면 감독관의 지시 사항이 충족되지 않았기 때문이다. 크리스티안 내면의 감독 관이 내린 지시는 다음과 같았다. "실수를 한 사람은 이를 인정 해야 해." 그리고 그의 동료가 자기 실수를 인정하지 않았기 때 문에 분개한 내면의 비평가가 크리스티안의 머릿속에서 소동을 벌인 것이다.

우리의 내면이 감독관의 지시에 지배당할 때마다 그 뒤에는 항상 내면의 비평가도 서 있다. 그는 언제든 출동할 준비가 되어 있다. 충족되지 않은 감독관의 지시는 (우리가 통제하지 않으면) 내면의 비평가를 자극할 수 있다. 이어서 그는 어마어마한 분노 를 쏟아내기 시작한다. 그러면서 우리는 자신이 옳다는 감정과 함께, 비평가의 분노를 느낀다.

하지만 이런 식으로 흘러가서는 안 된다. 원한다면 우리는 이 과정에 개입할 수 있다. 내면의 분노가 우리를 지배하지 못하도 록 저지하는 전략은 사실 쉽고 간단하다. **잠시 멈추고 일지 정지 버 튼을 누르는 것**이다. 중요한 점은 분노를 억누르거나 '없애는' 데 초점을 맞추지 않는 것이다. 감정은 억누를수록 강해진다. 멈춤 전략은 분노가 우리를 압도하지 못하도록, 우리의 단어 선택과 행동을 결정하지 못하도록 저지 하는 데 목적이 있다.

●
누군가에게 화가 난다면 자신의 생각을 점검해보자. 내면의 감독관이 내놓은 지시와 명령 가운데, 나를 화나게 한 상대가 무엇을 위반했는지 살펴보자.

✳ 대화 전략: 당신을 제압하려는 분노의 영향에서 거리 두기 ✳

- 내면에서 화가 치밀고 자신이 평정을 잃었음을 알아차린 순간 하던 일을 모두 중단하자. 말을 멈추자. 상대의 말에 대답을 하지도 말자. 이메일을 쓰고 있었다면 거기서 멈추자. 더 자판을 두드리지 말자.

- 자기 자신을 멈춰 세울 뿐 아니라 상대방과의 접촉도 중단해야 한다. 그런 뒤에 숨을 깊이 들이마시고 내쉬자. 분노로 인한 긴장을 호흡과 함께 천천히 내보내자.

- 몸을 움직이며 자세를 바꾸어보자. 허리를 곧게 세우되 긴장하지는 말자.

- 안정을 되찾을 때까지 멈춤 모드를 유지하자. 당신이 상대방에게 어떤 인상을 남기든 이는 전혀 중요하지 않다. 상대가 무엇을 생각하든 그건 당신의 일이 아니며 당신과 아무런 상관이 없다.

- 자신을 비난하지 말자. 자신을 친절하고 다정하게 대하자. 그러면서 내면의 골칫덩이들이 해당 문제에 대해 무슨 말을 하는지 들어보자. 인격의 일부이자 생각의 일부인 이들에게 반갑게 인사를 건네며, 맞닥뜨린 문제에 대해 정보를 주어서 고맙다고 말하자.

아직 연습이 충분히 되지 않았다면 당신은 조금 더 긴 멈춤의 시간이 필요하다. 좀 더 오래 침묵하며, 숨을 깊이

들이마시고 내쉬기를 반복하자. 이 시간을 즐기자. 지금 당신은 굉장히 가치 있는 것을 연습하고 있다. 스트레스를 크게 줄여주고 모든 인간관계를 개선해줄 전략을 말이다.

- 당신이 무엇을 원하는지 인식하자. 자신에게 질문을 하자. 나는 무엇 때문에 아니라고 말하고 싶은가? 나는 무엇을 제거하고 싶은가? 무엇을 제한하고 싶은가? 그러면서 당신은 문제의 핵심으로 돌아오게 된다. 부차적인 일에 끌려 들어가지 않으면서.

- 당신이 무엇을 이루고 싶은지 확실하게 표현하자. 당신 자신 또는 상대방을 깎아내리지 않고 말해야 한다.

- 당신의 감정을 상대방에게 말하는 것이 어렵지 않다면 이런 식으로 표현하자. "좀 전에 내가 화가 났던 것 같아." 아니면 "너무 당황해서 내가 잠시 할 말을 잃었나 봐."

이 멈춤 전략은 당신이 실제로 활용해야만 습득할 수 있다. 글을 읽는 것만으로는 충분하지 않다. 어떤 일로 인해 화가 나거나 또는 머릿속에서 나쁜 말이 나올 때마다 훈련을 거듭하면 당신은 이를 내면화할 수 있다. 화, 짜증, 분노가 당신의 행동, 말, 삶의 방식을 결정하지 않도록 주의하자. 감정을 지우려고 애쓰지는 말자. 당신은 그저 그 감정에 지배당하지 않도록 감정을 잘 통제하면 된다.

몇 차례 연습을 거치고 나면 아마 당신은 거의 자동으로, 훈련의 축약 버전으로 넘어가 있을 것이다. 이 요약본을 다음과 같이 정리했다.

✳ 대화 전략: 분노를 통제하기 위한 세 단계 ✳

1. 당신이 짜증이나 화가 났음을 알아차리자.

이 감정을 받아들이자. 당신은 이를 있는 그대로 느껴도 된다.

2. 일단 멈춤!

하고 있던 대화나 글쓰기를 잠시 멈추고 짧은 휴식 시간을 가지자. 분노를 뒤에 미뤄 두자. 몸을 움직이며 자세를 바꾸고 허리를 곧게 세우자. 숨을 깊이 들이마시고 내쉬자.

3. 당신이 무엇을 이루고 싶은지, 스스로에게 질문을 건네자.

당신의 의도, 목적에 초점을 맞추자. 그러고 나서 당신의 입에서 나갈 단어를 신중하게 고르자.

멈춤 전략 훈련하기

크리스티안을 코칭하는 과정에서 나는 그의 동료 역할을 맡았다. 크리스티안에게는 나에게 (그러니까 자신의 동료에게) 내가 저지른 실수에 대해 말하는 임무가 주어졌다. 그리고 (그의 동료 역할을 맡은) 나는 이전에 그 동료가 크리스티안을 화나게 했던 방식대로 행동했다. 실수를 인정하지 않고, 모두 크리스티안의 탓인 것처럼 주장하는 연기를 했다.

전 과정은 일종의 시뮬레이션이었지만 크리스티안은 마치 실제 상황인 것처럼 반응했다. 그의 말투는 격해졌고 목소리는 커졌다. 그는 크게 분노하면서 손바닥으로 탁자를 내리치기도 했다. 우리는 바로 이 지점에서 훈련을 시작했다. 나는 크리스티안에게 자신을 멈춰 세우는 방법을 간단히 설명했다. 쉽게 말해 지금 이 순간 그가 자극을 받았음을 느끼고, 화가 났음을 알아차리는 것이다.

크리스티안과 나는 대화 도중에 멈추는 전략을 세 차례 훈련했다. 그리고 이미 두 번째 시간에 그는 자신의 분노에 일시 정지 버튼을 누를 수 있게 되었다. 다음 차례에서는 난이도를 높였다. 세 번째 시간, 여전히 나는 그의 동료 역할을 하며 크리스티안을 더욱 강하게 자극했다. 격렬하게 비난하며 그를 공격했고, 그가 자기 실수를 인정하지 않는다고 주장하기도 했다. 나는 크리스티안의 얼굴이 일그러지는 모습을 관찰할 수 있었다. 그 순간 그의 분노는 다시 치솟았다. 하지만 그는 나에게 무언가 대답을 하기 전에 평온을 되찾았다. 그는 숨을 깊이 들이마셨고, 얼마 지나지 않아 차분한 목소리로 자신감 있게 말을 꺼냈다. 그는 차라리 그 실수를 어떻게 바로잡을지에 대해 이야기하자고 내게 말했다. 그런 다음 자신이 떠올린 생각을 전했다. 그렇다, 크리스티안은 드디어 해낸 것이다. 내 눈에 그는 차분하고 평온해 보였다. 그는 요령을 터득했다.

다른 사람의 요구에 빠르게 반응하지 않도록 '정지' 버튼 누르기

이 멈춤 전략으로 우리는 훨씬 더 많은 것을 할 수 있다. "그래, 좋아. 내가 할게!"라고 말하는 습관에서 벗어날 수도 있다. 앞서 책의 1장에서 살펴본 '아니라고 말하지 못하는 네 가지 유형의 능력자들'을 떠올려보자. 문제가 있을 때마다 나타나 문제를 해결해주는 당신은 타인에게는 마치 '그래'라는 말에 사로잡힌 것처럼 보일지 모른다. 당신은 사실 경계를 짓기를 원했는데도 말이다. 이런 경우에도 멈춤 전략이 도움이 된다. 당신이 '아니'라는 말을 삼키고 '그래'라는 말을 내뱉기 직전에 이를 얼른 알아차리자. 입 밖으로 말을 꺼내기 전에 잠시 멈추고 조용히 멈춰 있자. 상대와의 접촉에서 잠깐 벗어나는 것도 도움이 될지 모른다. 일어나서 창문을 열거나 화장실에 가도 좋다. 아니면 외투 주머니에서 손수건을 꺼내자. 간단히 말하면, **몸을 움직이라**는 것이다.

자신을 잠시 멈춰 세운 동안 당신이 정말 무엇을 원하는지 깊이 생각해보자. 방금 무슨 일이 벌어졌는지 당신은 안다. 주

●
자동으로 반응하는 당신의 오래된 행동 양식이 정확히 언제 튀어나오는지 주의해서 지켜보자. 그 행동 양식이 발현되는 직전 순간을 인식한다면 당신은 더 쉽게 자신을 멈춰 세울 수 있다.

변 사람들이 당신에게 무엇을 원하고 기대하는지도 안다. 사람들의 기대에 자동으로 반응하는 대신 멈춰 있는 지금 이 순간에 생각을 새로운 방향으로 돌리자. 당신에게는 성찰을 허락하는 짧은 '멈춤의 시간'이 필요하다.

고집의 힘은 이런 식으로 이용하자

상대는 당신의 '아니'라는 말을 곧바로 받아들이지 않을 수 있다. 당신이 경계선을 분명하게 그었더라도 대화 상대는 이에 저항을 하거나 혹은 당신의 결정을 바꾸려 시도할 수 있다. 이런 마음 뒤에는 무엇이 숨어 있을까? 그리고 당신은 이런 상황을 어떻게 다루어야 할까?

거절하는 말이 받아들여지지 않는 이유로 세 가지를 생각해 볼 수 있다.

1. 상대방은 당신이 아니라고 말할 때 어딘가 **불확실한** 인상을 받았을지 모른다. 당신의 불확실한 태도는 상대에게 이런 메시지를 전했을 수 있다. "나는 아직 결심을 못 내리고 망설이고 있어. 내 마음을 바꿀 수 있는지 네가 한번 시도해봐!" 상대는 그 의미를 읽고 당신의 결정을 되돌리려 한다. 이에 대한 치료제를 당신은 이미 안다. 즉, 아니라는 말을 마음속으로 충분히 준비하는 것이다. 어떤 단어로 말할지, 무엇이 당신에게 중요한지 깊이 생각하며 준비하자. 그러면서 자기 확신을 최대치로 드러내자.

2. 상대가 당신의 말을 제대로 이해하지 못했을 수 있다. 어쩌면 당신은 너무 많은 말을 했을지 모른다. 그래서 당신이 실제로 말하려 했던 무언가가 수많은 단어에 묻혀버린 것이다. 아니면 당신이 아니라고 말할 때 상대방이 다른 생각을 하며 당신에게 집중하지 못한 탓일 수도 있다. 당신의 말이 상대에게 제대로 전해지지 않았다면 '아니'라고 다시 말하자. 다른 표현을 사용해도 되고 똑같은 말을 한 번 더 해도 좋다.

3. 둘의 이해관계가 상반되는 경우다. 상대는 당신에게 무언가를 팔고 싶다거나, 당신이 그를 위해 무언가를 해주기를 원한다. 하지만 당신은 그의 바람과는 뜻이 다르다. 당연히 상대방은 자기 이해를 관철하려 할 것이다. 흔한 일이다. 여기서 당신이 해야 할 것은 자신이 무엇을 원하는지, 그것을 왜 원하는지 분명히 해 두는 것이다. 당신의 관심과 이해를 스스로 대변하자. 아니라는 말을 하는 것이 당신에게 정말 중요하다면, 고집스럽게 밀고 나가자.

'아니'라는 말이 협상 테이블에서 밀려나거나 웃음거리가 되거나 아니면 이해받지 못할 때, 당신에게 필요한 것은 단 하나뿐이다. 즉, **고집**이다. 무척 간단한 전략으로, 아니라는 말을 고집스럽게 반복하면 된다.

그런데 만약 상대방도 고집스럽다면 어떨까?

진심으로 축하한다! 당신은 인내심을 단련할 기회를 얻었다. 당신이 끈질긴 사람임을 상대방에게 보여주자. 당신이 파도를 견디는 바위처럼 자기 경계를 고집스레 주장하는 사람이라는 사실을 상대방이 알아차릴 때까지 아니라는 말을 반복하자. 물론 시간이 걸릴 수 있다. 하지만 한 번 제대로 해 두면 당신은 엄청나게 큰 이익을 얻는다. 흥분하지 않게 된다. 그러면서 내면의 골칫덩이들과 멀리 떨어지게 된다. 스트레스 하나 없이, 속으로나 밖으로나 욕을 내뱉지 않으면서, 아주 침착하게 당신이 말하고자 하는 것을 반복하면 그만이다. 고집스런 태도를 차분하게 지키면 긴장이 높아질 일이 없다.

막다른 상황에서도 '아니'라고 말할 수 있는 지혜

당신의 삶에는 지금 자신이 결코 바꿀 수 없는 것이 있을지 모른다. 그것은 당신이 져야 할 의무일 수도, 돌아갈 길이 전혀 없는 과업일 수도 있다.

예를 들어 반려동물이 아프다고 해보자. 그러면 당신은 재택근무를 신청해 어떻게든 집에서 회사 일을 처리해보려고 노력할 것이다. 강아지의 밥과 약을 챙기면서 막 시작될 화상 회의에도 신경을 쓸 것이다. 이런 상황에서 다른 사람의 요구에 충분히 고민하고 갈등 없이 소통하며 '아니'라고, '그건 할 수 없다'고 말할 수 있을까? 아마 어려울 것이다.

또 다른 예를 들어보자. 당신 부부는 오래된 집을 한 채 장만했다. 이제 당신은 배우자와 함께 집을 고쳐야 한다. 주말마다 당신은 공사 현장에 가 있다. 주중에는 회사 일을 돌보고, 최근 사고가 나서 홀로 집에 머무는 아버지도 챙겨야 한다. 운동은 미룬 지 오래다. 취미로 합창단에서 노래를 부르던 것도 몇 주 동안 빠졌다. 당신은 자신을 위해 더욱 많은 시간을 내고 싶지만 이런 상황에서 내가 원하고 원하지 않는 것에 대해 경계선을 긋기란 거의 불가능하다.

당신은 지금 막 자립을 하여 스타트업을 하나 세우고, 새로운 고객을 모으고, 대출을 갚으면서 새 집을 찾고 있을지 모른다. 재정적으로 간신히 버티고는 있지만 매출을 늘리지 않으면 조만간 파산에 이를지 모른다. 당신은 이런저런 의무와 책임을 거부하고 싶다. 하지만 이는 당신이 짊어져야 할 것들이다. 피할 수 없다.

아니라는 말을 도저히 할 수 없는 상황에서는 **지혜**가 필요하다. 지혜는 당신 인격의 일부로, 직관적 지능이 이를 관리한다. 당신의 지혜는 널리 조감할 수 있는 능력이 있다. 지혜의 도움을 받으면 산꼭대기나 등대 위에서 내려다보듯이 당신이 지고 있는 부담을 넓은 맥락에서 파악할 수 있다. 그리고 바로 거기서 당신은 문제의 한가운데에 있을 때나 파도가 머리 위를 덮칠 때 미처 보지 못했던 가능성을 찾게 된다.

당신의 지혜는 어디에 숨어 있을까

지혜는 우리 인격의 일부로, 우리 자신과 우리의 삶을 가장 광범위하게 조망한다. 지혜는 결코 멀리 있지 않다. 하지만 내면의 다른 '조언자들'로부터 충분한 거리를 둘 때만 지혜를 찾을 수 있다. 내면의 비평가, 감독관, 걱정 생산자는 당신의 지혜보다 훨씬 목소리가 크다. 당신은 이들이 큰 목소리로 전하는 이야기를 모두 믿어버리는 데 익숙해졌을지 모른다. 당신의 지혜는 사라진 듯이 보인다. 세상의 이치를 깨우친 대가나 종교 지도자만 찾을 수 있는 무언가로 보인다.

실제로 당신의 지혜는 잘 나서지 않으며 소극적이다. 당신의 진정한 자아와 마찬가지로 지혜 또한 당신을 귀찮게 하지 않는다. 그리고 아무런 소란도 피우지 않는다. 그러나 당신이 바라면 지혜는 당신을 위해 나타난다. 당신에게 필요한 것은 그저 약간의 평온이 전부이다.

우리 함께 지혜와 접촉을 시도해보자. 시간을 내어 당신이 지금 해야 하는 모든 일을 조금 멀리서 바라보자. 만약 지금 자신의 일상과 자기 자신을 위에서 내려다본다면, 당신은 무엇을 붙들고 가장 치열하게 '싸울' 것 같은가?

어떤 부분에서 부담을 내려놓아야 할까?

당신이 하는 모든 일은 지금처럼 정말 그렇게 사력을 다해야만 하는 것인가?

할 수 있는 한 최대로 노력해야 한다고, 우리는 자신에게 부담을 지운다. 머릿속에 있는 감독관은 특정한 기준을 지켜야 한다고 요구한다. 그러나 우리가 모든 걸 이행하더라도 감독관은 만족하지 못한다. 일을 무사히 끝마치는 것을 넘어 멋지고 훌륭하고 반짝반짝 빛나게 마무리해야 한다.

우리에게는 주어진 과업과 의무가 있다. 여기서 당신의 지혜는 **어떻게**라는 질문으로 방향을 돌릴 수 있도록 도와준다. 당신이 모든 일을 '어떻게' 처리해야 하는지 스스로 묻게 한다. 자기 자신을 힘들게 만들 것인지 아니면 자신의 부담을 가볍게 덜어줄 것인지는 당신이 정한다. 당신은 성과에 대한 압박과 부담으로 스트레스를 받으면서 주어진 일을 처리해 나갈 수도 있다. 또는 전 과정을 간소화하여 자신의 요구를 낮출 수도 있다. 그 일을 어떻게 처리할지는 당신이 결정한다. 이는 당신 고유의 영역에 속한다.

더 쉽게 말하자면, 바꿀 수 없는 것을 붙들고 자신을 불행하게 만들어서는 안 된다. 자신이 바꿀 수 없는 것 때문에 스스로 고통을 당하지는 말자.

✻ 전략: 지혜에게 묻기 ✻

- 첫 번째 단계: **잠시 시간을 가지자.** 만약 시간이 5분밖에 없다면 그것으로도 충분하다. 누구의 방해도 받지 않는 장소를 찾아 거기에 자리를 잡고 앉자.

- 두 번째 단계: **머릿속 생각을 놓아주자.** 주의와 집중을 감각쪽으로 돌리자. 당신이 지금 막 보고 듣고 느끼는 것에 초점을 맞추자. 모든 것을 있는 그대로 두자. 지금 이 순간 당신에게 일어나는 것을 그저 인식하기만 하자.

- 세 번째 단계: **몸의 긴장을 풀어주자.** 어깨와 목, 눈 주변, 턱근육의 긴장을 풀어주자. 복부의 힘을 풀어 부드럽게 만들자. 의식적으로 숨을 깊이 들이마시고 내쉬자.

이 세 단계를 밟으며 마음의 평온을 찾아보자. 그러면 지혜가 머릿속을 채우게 된다. 이제 속으로 질문을 건네자. 지금 나를 힘들게 만드는 것은 무엇인가?

어쩌면 지혜에게서 곧바로 명료한 답을 얻게 될지 모른다. 답은 당신이 이미 알고 있던 것일 수도 있다. 생각지도 못했던 여러 가지 답이 떠오를지도 모르겠다.

지혜가 건네는 대답이 빠르든 느리든, 지혜에 고마움을 전하자. 보통 나는 속으로만 조용히, 간단하게 말한다. "고마워!" 지혜에 감사하면서 동시에 당신은 오직 당신만을 위해 거기 머물며 언제든 당신을 도울 준비가 되어 있는,

> 인격의 이 지적인 부분을 존중하게 된다.

당신의 까다로운 요구를 줄이는 법

여기서 한 단계 더 나아가는 데도 지혜의 도움이 필요하다. 당신은 지혜에게 물으며 자신을 힘들게 만드는 것들에 대한 몇 가지 아이디어를 얻었다. 다음으로, 자신이 느끼는 부담을 덜려면 당신은 무엇을 어떻게 해야 할까?

자신에게 다음 질문을 던져 지혜가 여기에 무슨 답을 하는지 의식해보자.

- 나는 어떤 부분에서 나 자신에게 지나친 요구를 하는가?
- 계속 붙들고 씨름하는 문제를 단순하게 만들려면 어떻게 해야 할까?
- 부담을 덜려면 어떻게 해야 할까?
- '부담의 경감'과 '과정의 간소화'라는 방향으로 나아가기 위해, 내가 시도할 수 있는 작은 변화는 무엇일까?

당신의 머릿속에 떠오른 바로 그 답변을 잘 새겨 두자. 그리고 내면의 감독관과 비평가가 변화를 위한 노력을 망치지 못하도록 잘 경계하자. 지금 우리는 아주 작지만 당장이라도 실행할 수 있는 것에 대해 이야기하고 있다. 이 작은 무언가는 당신의 일상 속 부담을 덜어주고, 복잡한 문제를 단순하게 만들 수 있다. 그것도 오늘 당장.

예컨대 주변의 도움을 받는 것도 부담의 경감에 속한다. 다른 사람들에게 지원과 도움을 청하자. 짐을 홀로 감당하지 말고, 주변 다른 사람들에게 맡기고 넘기고 나누자. 가장 필수적인 것만 집중하며 자신이 지닌 완벽주의 성향과 멀어지는 것 또한 부담을 줄여준다. 간소화는 정리정돈을 하고, 문제의 핵심에 초점을 맞추는 것으로 이룰 수 있다. 그러면서 쓸데없는 모든 잡동사니는 멀리 밀려나게 된다.

이때 커다란 난관이 하나 있다.

당신 머릿속의 골칫덩이들이 마이크를 잡고, 당신이 이루려는 변화에 대해 각자의 대본대로 불평을 하거나 비난을 하거나 걱정을 하기 시작할 것이다. 이들은 당신이 부담을 내려놓으면 주변 사람들이 당신을 어떻게 여길까, 목표와 멀어지지는 않을까 생각하며 두려워한다. 그러면서 곧장 "절대 안 돼!"같은 말을 퍼부을 것이다.

골칫덩이들이 하는 말은 전혀 중요하지 않다. 부담이 줄어들거나 문제 해결의 과정이 간단해지는 것처럼 우리에게 어떤 변화가 일어날 때면, 당신 인격의 일부인 이 골칫덩이들은 거의 항상 발언권을 쥐고 말을 내뱉으려 한다. 그러나 이제 당신은 이를 가뿐하게 쳐낼 수 있다. 이들이 떠들 때, 당신은 이 골칫덩이들이 등장했음을 확실히 인식하게 된다. 당신은 이미 이들의 음모와 계략을 간파하고 있고 이들이 당신의 진정한 자아가 아니라는 것도 알기에 이들의 목소리에 말려들지 않는다. 경계를 잘 지었다면 이들은 당신을 지배할 수 없다. 당신은 자신의 지혜로운 부분에 더 집중할 수 있다.

정신적으로 신체적으로 건강한 삶을 살 수 있도록 날마다 자신을 돌보자. 다른 사람으로 인해서든 당신 자신으로 인해서든 과도한 부담을 짊어지지 않도록 늘 주의하자.

이것은 당신의 삶이다.

그리고 당신에게는 당신만의 영역이, 경계가 있다.

우리가 이 책에서 만난 이유를 다루며 글을 맺으려 한다.

우리는 왜 아니라고 말하는가? 우리는 왜 경계선을 긋는가?

우리는 자신에게 부담을 지우는 것, 자신을 괴롭게 하는 것들을 막아내거나 없애기 위해서 '아니'라고 말한다.

부담이 되는 것을 막거나 없애면 우리가 얻는 이익은 무엇일까? 우리는 인생의 **본질**에 더욱 가까이 다가가게 된다. 즉, **삶의 즐거움**을 더욱 많이 누리게 된다.

살면서 아니라는 말을 너무 적게 하면 극심한 부작용이 따르는데, 이 부작용은 종종 아주 늦게 발견된다. 그 부작용은 바로 '삶의 즐거움을 잃어버리는 것'이다. 이를 가리키는 전문 용어도 있다. 의학적으로 더는 아무런 즐거움을 느끼지 못하는 상태, 즉 '쾌감상실증'Anhedonia이다. 쾌감상실증에 빠지면 사람들은 아주 진지해진다. 재미있는 시트콤 같은 것을 볼 때나 이들의 얼굴에 잠시 웃음이 스쳐 지나간다. "안녕하세요!"라고 인사를 건넬 때나 언뜻 미소를 짓는다. 그러나 이들의 삶에 깔리는 배경음악은 블루스, 비극적인 오페라이다. 다른 말로 하면, 이들에게는 웃을 일이 전혀 없다.

눈을 감고 진지하게 고민해보자. 당신은 스스로 즐거움을 누리기 위해 얼마나 노력하고 있는가? 지금 이 순간은 어떠한가?

예전에는 내면의 감독관이 당신의 '할 일 목록'을 관리했을지 모른다. 그리고 이 목록에 다음과 같은 항목은 없었을 것이다. '오늘 나에게 즐거움을 선사하기!'

하지만 이제 당신은 감독관의 영향에서 벗어나, 직접 삶의 방향키를 쥐고 당신의 '아니'라는 말을 관리할 수 있다. 당신에게 더 의미 있는 곳으로 방향을 돌리며, 이를 방해하는 것에는 '아니'라고, 길을 비켜 달라고 말할 수 있다. 일상 속 여유를 만들어내면서 즐거운 삶으로 나아갈 수 있다.

공원에 나간 적은 언제인가? 가족이나 친구들과 야구나 배드민턴을 마지막으로 한 날은 언제인가? 최근에 도미노나 젠가 또는 카드 게임을 한 적이 있는가? 온라인으로 말고 아날로그로, 가상이 아닌 실제 사람들과 탁자에 둘러앉아 게임을 한 적은 언제인가? 마지막으로 자유롭게 춤을 춘 날은 언제인가? 에어 기

타를 치거나 머리빗을 마이크처럼 쥐고 노래를 부른 적은 언제인가?

우리 내면의 감독관은 이 모든 행위를 아무런 이익이 없는 것으로 치부한다. 할 일 목록에 둘러싸여 있는 사람들에게 이런 행위는 그저 시간 낭비에 불과하다.

다행히도 우리 자신은 내면의 감독관이 아니다. 또한 줄줄이 이어지는 '할 일 목록'은 우리를 지배하는 명령이 아니라 그저 우리를 위해 봉사하는 집사의 메시지이다. 인생은 휴식 없이 달리는 목표 달성 프로젝트가 아니다. 일상 속 작은 즐거움을 느끼는 데 죄책감을 느낄 필요는 없다. 누군가에게 이를 입증할 필요도 없다. 당신의 인생을 스치는 크고 작은 모든 것을 가지고 즐겁게 놀이를 하자. 자유로운 놀이를 자신에게 허락하자.

삶을 즐겁게 만드는 무언가를 당신이 날마다 발견하기를, 나는 진심으로 소망한다.

바바라 베르크한

Berckhan, Barbara: *Judo mit Worten. Wie Sie gelassen Kontra geben.* Kösel, München, 10. Auflage 2018

Berckhan, Barbara: *Keine Angst vor Kritik. So reagieren Sie souve rän.* Kösel, München, 2003 (mit Audio-CD)

Berckhan, Barbara: *Sanfte Selbstbehauptung. Die 5 besten Strate gien, sich souverän durchzusetzen.* Goldmann, München, 5. Auflage 2021

Berckhan, Barbara: *So bin ich unverwundbar. Sechs Strategien, souverän mit Ärger und Kritik umzugehen.* Heyne, München, 12. Auflage 2019

Brann, Amy: *Neuroscience for Coaches: How to Use the Latest Insights for the Benefit of Your Clients.* Kogan Page, London, 2. Auflage 2017

Earlay, Jay: *Meine innere Welt verstehen. Selbsttherapie mit Persön lichkeitsanteilen.* Kösel, München, 5. Auflage 2022

Eyal, Nir: *Die Kunst, sich nicht ablenken zu lassen. Indistractable – Werden Sie unablenkbar.* Redline, München, 2019

Hayes, Steven C.: *Kurswechsel im Kopf. Von der Kunst anzuneh men, was ist, und innerlich frei zu werden.* Beltz, Weinheim Basel, 2. Auflage 2020

Headlee, Celeste: *Do Nothing. How to Break Away from Overworking, Overdoing, and Underliving.* Harmony Books, New York, 2020

Holmes, Tom und Holmes Lauri: *Reisen in die Innenwelt. Syste mische Arbeit mit Persönlichkeitsanteilen.* Kösel, München, 8. Auflage 2021

Levitin, Daniel J.: *The Organized Mind: Thinking Straight in the Age of Information Overload.* Plume, New York, 2015

Newport, Cal: *Digitaler Minimalismus. Besser leben mit weniger Technologie.* Redline, München, 2. Auflage 2021

Newport, Cal: *Konzentriert arbeiten. Regeln für eine Welt voller Ab lenkungen.* Redline, München, 4. Auflage 2020

Riemersma, Jenna: *Altogether You. Experiencing personal and spiri tual transformation with*

Internal Family Systems therapy. Pivotal Press, Marietta/Georgia, 2020

Schulz von Thun, Friedemann: *Miteinander reden, Band 3: Das » Innere Team « und situationsgerechte Kommunikation.* Rowohlt, Reinbek bei Hamburg, 29. Auflage 2013

Schulz von Thun, Friedemann; Stegmann, Wibke (Hrsg.): *Das innere Team in Aktion. Praktische Arbeit mit dem Modell.* Rowohlt, Reinbek bei Hamburg, 13. Auflage 2004

Schwartz, Richard C.: *Kein Teil von mir ist schlecht. Mit dem Modell des inneren Familiensystems Trauma heilen und zur Ganzheit zu rückfinden.* Arbor, Freiburg im Breisgau, 2022

Shapiro, Robin: *Ego-State-Interventionen – leicht gemacht. Strate gien für die Teilearbeit.* G. P. Probst, Lichtenau, 3. Auflage 2020

Stone, Sidra; Stone, Hal: *The Voice Dialogue Anthology: Explora tions of the Psychology of Selves and the Aware Ego Process.* Delos Publications, New York, 2012

Tolle, Eckhardt: *Stille spricht. Wahres Sein berühren.* Arkana, München, 16. Auflage 2020

Weiss, Bonnie: *Unsere innere Welt erkunden. Der IFS-Prozess Schritt für Schritt.* Arbor, Freiburg im Breisgau, 2020

Wurmb-Seibel, Ronja von: *Wie wir die Welt sehen. Was negative Nachrichten mit unserem Denken machen und wie wir uns davon befreien.* Kösel, München, 4. Auflage 2022

가뿐하게 아니라고 말하는 법

초판 1쇄 인쇄 2023년 4월 18일
초판 1쇄 발행 2023년 5월 1일

지은이 바바라 베르크한
옮긴이 장윤경
펴낸이 유정연

이사 김귀분
책임편집 유리슬아 **기획편집** 신성식 조현주 서옥수 황서연 **디자인** 안수진 기경란
마케팅 이승헌 반지영 박중혁 하유정 **제작** 임정호 **경영지원** 박소영

펴낸곳 흐름출판(주) **출판등록** 제313-2003-199호(2003년 5월 28일)
주소 서울시 마포구 월드컵북로5길 48-9(서교동)
전화 (02)325-4944 **팩스** (02)325-4945 **이메일** book@hbooks.co.kr
홈페이지 http://www.hbooks.co.kr **블로그** blog.naver.com/nextwave7
출력·인쇄·제본 (주)상지사 **용지** 월드페이퍼(주) **후가공** (주)이지앤비(특허 제10-1081185호)

ISBN 978-89-6596-571-8 03190